乳児保育

一人ひとりが
大切に育てられるために

0歳児クラスの空間見取り図

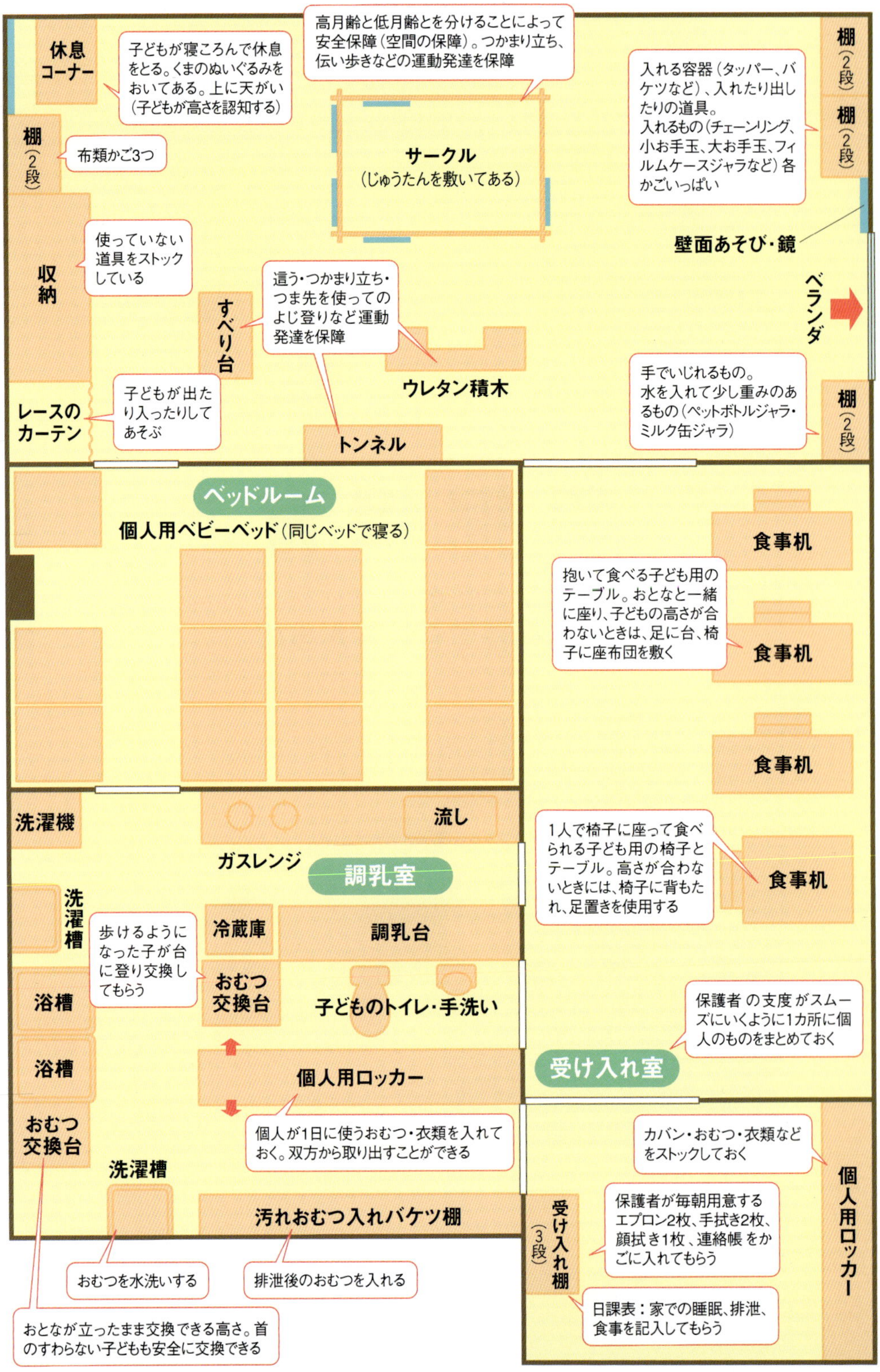

休息コーナー
子どもが寝ころんで休息をとる。くまのぬいぐるみをおいてある。上に天がい（子どもが高さを認知する）
高月齢と低月齢とを分けることによって安全保障（空間の保障）。つかまり立ち、伝い歩きなどの運動発達を保障
棚（2段）
入れる容器（タッパー、バケツなど）、入れたり出したりの道具。
入れるもの（チェーンリング、小お手玉、大お手玉、フィルムケースジャラなど）各かごいっぱい
棚（2段）
棚（2段）
布類かご3つ
サークル
（じゅうたんを敷いてある）
壁面あそび・鏡
収納
使っていない道具をストックしている
這う・つかまり立ち・つま先を使ってのよじ登りなど運動発達を保障
すべり台
ベランダ
ウレタン積木
手でいじれるもの。水を入れて少し重みのあるもの（ペットボトルジャラ・ミルク缶ジャラ）
棚（2段）
レースのカーテン
子どもが出たり入ったりしてあそぶ
トンネル
ベッドルーム
個人用ベビーベッド（同じベッドで寝る）
食事机
抱いて食べる子ども用のテーブル。おとなと一緒に座り、子どもの高さが合わないときは、足に台、椅子に座布団を敷く
食事机
食事机
洗濯機
流し
ガスレンジ
調乳室
1人で椅子に座って食べられる子ども用の椅子とテーブル。高さが合わないときには、椅子に背もたれ、足置きを使用する
食事机
洗濯槽
歩けるようになった子が台に登り交換してもらう
冷蔵庫
調乳台
おむつ交換台
子どものトイレ・手洗い
保護者の支度がスムーズにいくように1カ所に個人のものをまとめておく
浴槽
浴槽
受け入れ室
個人用ロッカー
おむつ交換台
個人が1日に使うおむつ・衣類を入れておく。双方から取り出すことができる
カバン・おむつ・衣類などをストックしておく
洗濯槽
個人用ロッカー
汚れおむつ入れバケツ棚
受け入れ棚（3段）
保護者が毎朝用意するエプロン2枚、手拭き2枚、顔拭き1枚、連絡帳をかごに入れてもらう
おむつを水洗いする
排泄後のおむつを入れる
日課表：家での睡眠、排泄、食事を記入してもらう
おとなが立ったまま交換できる高さ。首のすわらない子どもも安全に交換できる

▲0歳の空間づくり

▲道具棚と休息のスペース

▲食事机

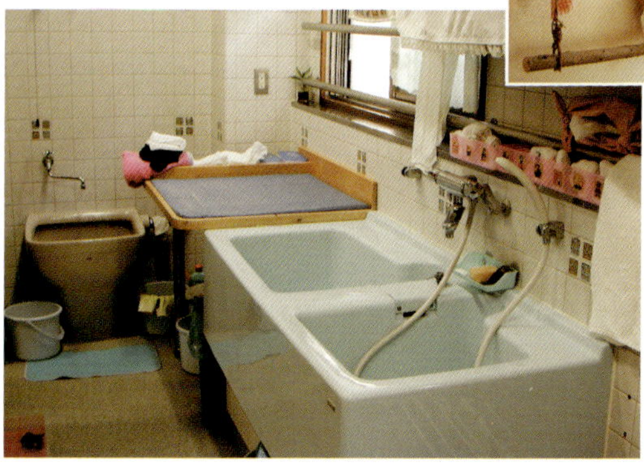

▲おむつ交換台と浴槽

▲双方から取り出し可能な個人ロッカー

1歳児クラスの空間見取り図

①構造　②世話・休息　③粗大的　④机上的　⑤入れたり出したり

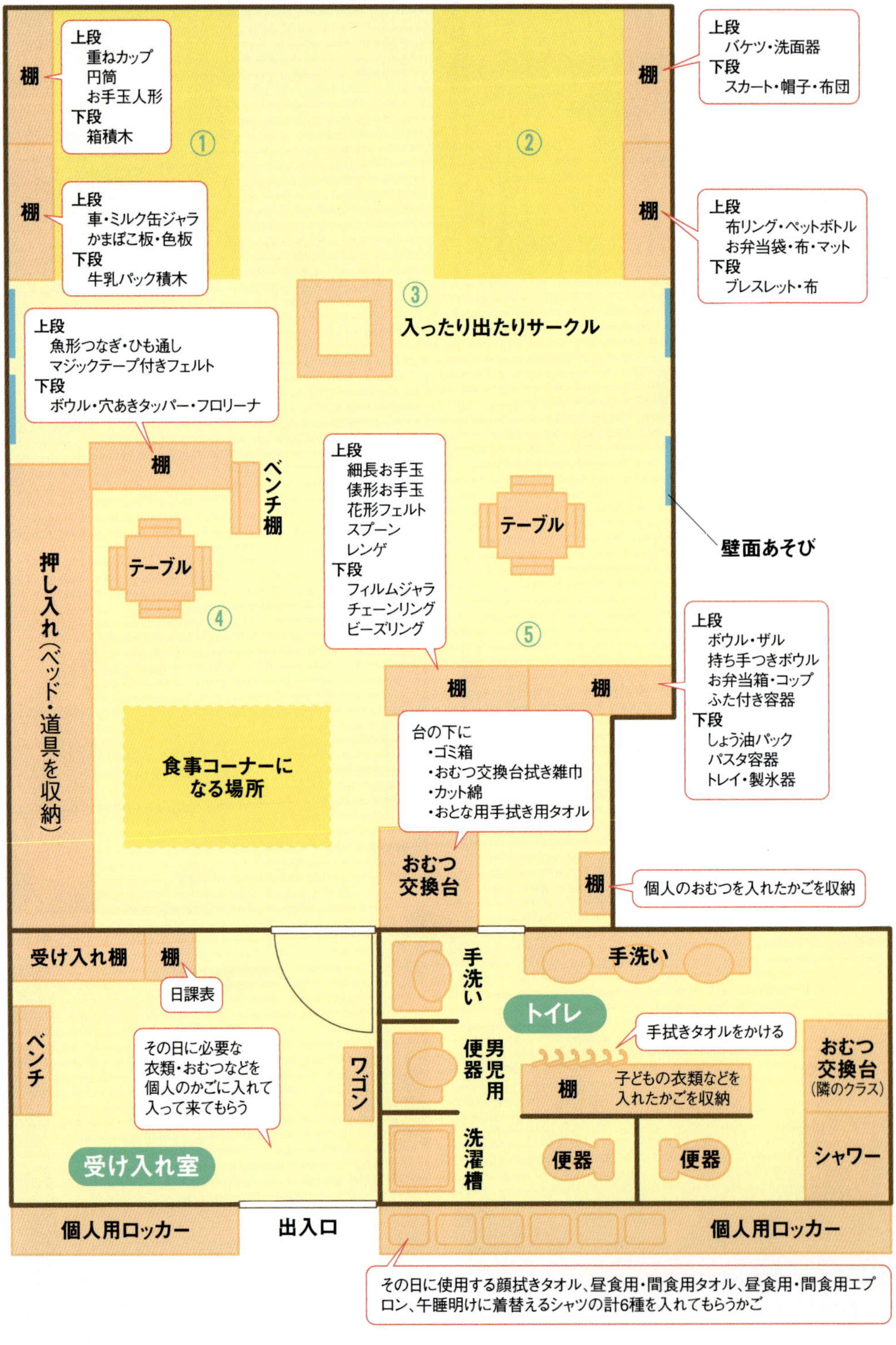

▲1歳の空間づくり

▲構造あそびの道具棚

▲子ども用の手洗い場

▲世話あそびと休息のスペース

▲各自マーク別にかけられた手拭きタオル

2歳児クラスの空間見取り図

①構造　②机上　③料理　④世話　⑤病院　⑥多目的

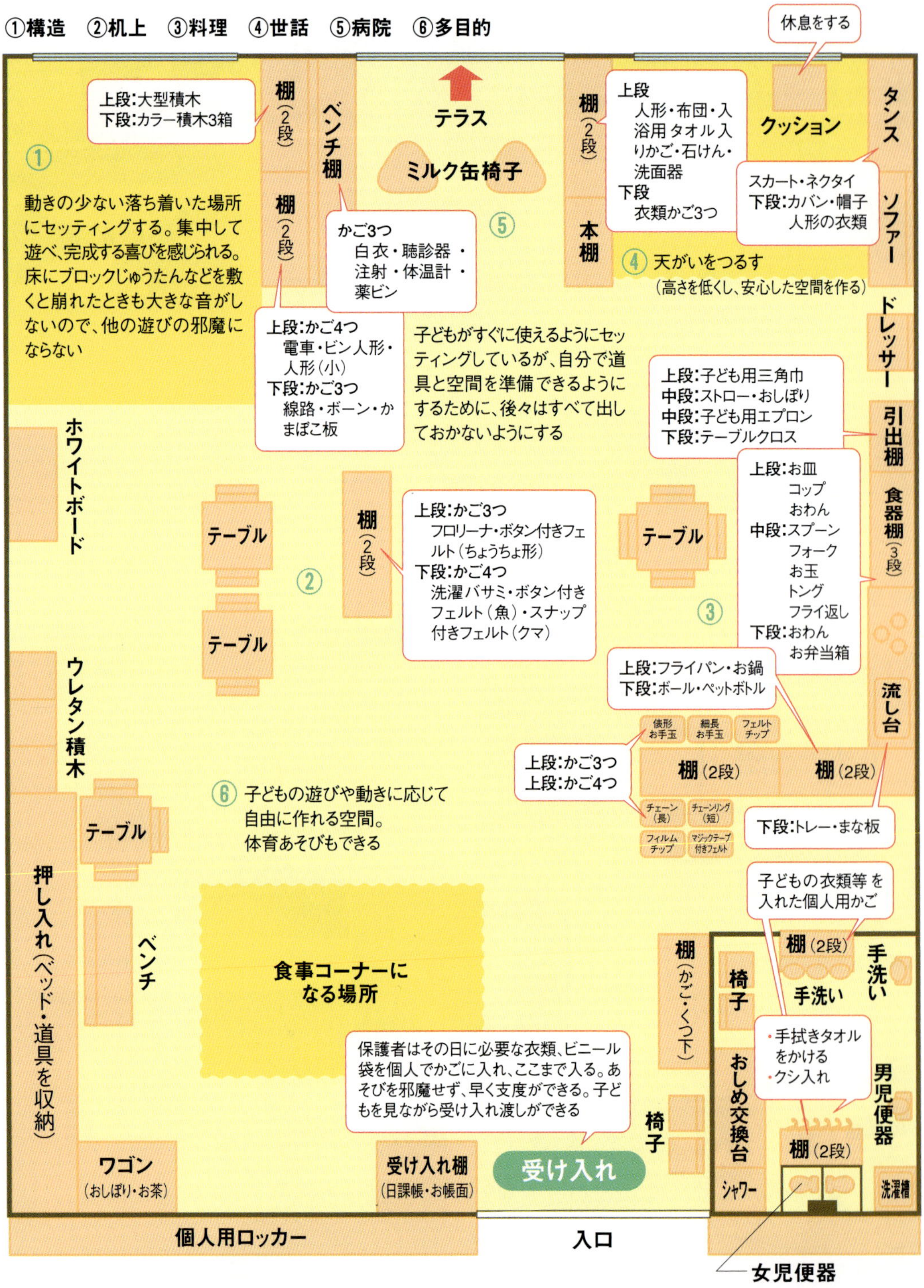

▲２歳の空間づくり

▲人形をお風呂に入れて体を洗う

▲ドレッサーの前で人形の髪をとかす

▲料理をつくる

▲道具を使ったわらべうた

2歳のあそび

▲おとなに絵本を読んでもらう

▲人形の看病—熱があるので、おでこを冷やす

▲おとなの模倣で、絵本を読んであげる

1歳のあそび

▲重ねカップを積み上げる

0歳のあそび

▲自分のペースで押し箱を押して歩く

目　次

子育ての基本は乳児期
－子どもが主体的に育つには

乳児期の保育の大切さ

保育園という場で子育ての実践に関わってきて思うことは、乳児期の段階でしっかり育てないと、幼児になって急に自分で考えてやりなさいとか、主体的に考えてやりなさいといっても無理があるということです。これが一番目に見えるのが「躾（しつけ）」の部分なのですが、いま全国のどこの幼稚園や保育園の幼児の姿を見ても、生活習慣が身についていない、おとながいくら口で言っても身につかなくて、結局そのまま小学校に上げてしまっているという現状があります。生活習慣にしても、子どもが主体的に動けるということにしても、それは乳児のときからの積み重ねなのです。子どもが自分でしたいという気持ちを持つまで、おとなは丁寧な育児行為を続けながら、忍耐をもって待ってあげる必要があります。その結果、子どもには自然な生活習慣が身につくのです。しかし、実際には保育園のほとんどが非常に手をぬいた育児をしていることを感じます。

たかが赤ちゃん、たかが乳児と思うのでしょうか、ごはんをバーッと口に放りこまれていたり、半分も食べられずにほとんどが下にこぼれているというような状況が現実にはあります。おとなが早くから手を離し過ぎているのです。そして幼児になったとたんに自分で考えて意欲的に行動ができるように教育するのですが、自然に身についている習慣ではないのでいつもおとなからやらされるだけになってしまいます。つまり、自分で意識しない限り、おとなに言われない限りはやらないというふうになりがちなのです。それはその子にとって本当の生活習慣ではなく、「言われたらやる」という習慣がついてしまっているのだといえます。

しかも、子どもは本当におとなをよく見ています。たとえばある子どもが“あまりして欲しくない”ことをしてしまった時に、おとなが「○○ちゃん、やめてね」と注意したとします。ところが、もしこの子がこのおとなは３回注意するまでは大丈夫と思っていたら３回目まではやめません。「○○ちゃん、やめてね」とやさしく言うぐらいではダメです。パッと立ち上がって「何回言ったらわかるの」と言われて初めてやめる。そういう習慣になってしまうのです。

ここでもう少し習慣形成について考えてみたいと思います。習慣の中には、まず健康な生活を送るための習慣、つまりご飯を食べる前に手を洗う、お便所に行ったときに手を洗うといった衛生習慣があります。それとは別に、集団生活をしていく上での「ありがとう」「手伝うよ」「使ってもいい？」等の習慣、物を置く場所が決まっているとか、物を使ったあとは元の場所に戻しておいたほうが次の人が気持ちよく使えるなどの習慣もあります。そして仲間関係の習慣、それらを全部ひっくるめた習慣は、乳児期から毎日同じことをくりかえして、そうすることが当たり前になるようにしていかなければ育たないということを痛切に感じます。おとなのモデルがとても大切です。

1999年9月にやまぼうし保育園をオープンしたときには、他の公立・私立保育園や無認可園、家庭などからさまざまな年齢の子どもが一斉に集まってきましたが、最初はそれこそ地獄のような日々でした。よその園には失礼なことですが、どうしてこんな子どもに育ってしまったのだろうという思いがしました。それでも乳児は３カ月後には習慣を身につけることができたのです。けれども、幼児にはなかなか身につかず、日課を作り上げるのも大変でした。このときに、やはり乳児期にきちんとした育児をしてもらっていないことが、幼児になったときに大変な課題をもたらすということをあらためて実感したのです。

ところで、習慣というのは私は体で覚えることだと思うのです。「体で覚える」というと、何か悪いことをしたら手をパンと叩いたり、おしっこを失敗したらお尻をペンと叩くといった、子どもの体を痛めつけて覚えさせるような印象がありますが、ここではもちろんそのような意味ではありません。私が思うところの「体で覚える」とは、その子の体がある行動に関連する動きを自然に覚えるということです。たとえば、私たちは目の前にドアがあったら戸を開けようと考えて開けるのではなく、感覚として自然に開けますね。けれども、ドアを通ったあとに後ろを閉めるというのは習慣なのです。小さい時からドアを開けて後をちゃんと閉めるというのをおとなと一緒にやっていれば、体がそういうふうに覚えていくわけです。手を洗うのも、やはりおとなが手のひらを洗って、手の甲を洗って、指の間も洗って、最後に水を切るという行動、どこから始まってどこで終わるというのを毎日丁寧に目につくようにやることによって、子どももそれが普通になって身についていく。食事の場面でも同じです。「ご飯ですよ」と言われたら、椅子を引いて座り、おしぼりで口や手を拭いて食べ始める。食べ終わったら、また口や手を拭いて、立って椅子を入れる。この椅子を引いてから椅子を入れるまでの過程を、毎日くりかえしてやっていると自然に体が覚えていきます。そのようなことをおとなから教え込まれるのではなく、一緒に生活していきながら何度もくりかえす中で子どもが体で覚えていく。そして、そのような習慣が苦にならずに自然に身につくのはやはり乳児期なのです。

子どもに丁寧に関わるための「担当制」

子どもの中に習慣が形成されるには、乳児期におとなが丁寧に関わっていくことが大切です。そしておとなが丁寧に関わるためには、自分が責任を持つ子どもの数は少ないほうがより効果的だといえます。家庭ではお母さんと子どもは１対１です。保育園は集団なのでそうはいきませんが、15人を３人で見るよりも、５人を１人が見るほうがより丁寧に関わることができます。15人を３人で見ているときは、実は誰も一人ひとりの子どもをしっかりと見ていないのです。しかし、「あなたの子どもはこの子たちよ」と決められたら、少なくともその子たちには責任を持たなければなりません。特定の子どもを特定のおとなが見る、このシステムは「担当制」と呼ばれています。保育実践の担当制についてはいろいろなところでうたわれているのですが、実際に日本の保育園の中で担当制をとっている園はまだ一部ですし、担当制自体がよく理解されていないこともあります。しかし、担当制には次に述べるようなすばらしい点がたくさんあります。

いつも世話をしてくれるおとなが決まっているということは、まず子どもの情緒を安定させます。子どもはいつもおとなのやさしい眼差しに見守られているので、困ったときにおとなを見ればすぐにどうしてほしいか分かってもらえるし、助けてもらえる。ですから、担当制は子どもの内面を支えることにも適しています。目に見える形であらわれる運動発達と違って、内面の発達は目に見えにくいものですが、決められたおとなが受け入れる、子どももわがままが言えるという関係性の中で、子どもの内面の発達を支えていくことができるのです。

また、担当する保育士が子どもの発達段階や心理状況などをよく把握して、丁寧に接してあげられる結果、子どもも習慣をきちんと身につけやすいということがいえると思います。たとえば、その子にとってズボンをはかせてあげることがいいのか、それとも少し横で見ていてあげることがいいのか、「ズボンが逆さまだから、反対にしてごらん」と声をかけるだけでいいのか。それはその子の発達段階によって異なってきます。いつもは自分でズボンをはく子どもなのに、今日は「はかせて」と言ってくる。そういえばお母さんが「昨日はちょっと疲れていた」と言っていたなとか、今日は特に理由は見当たらないけど何となくやってほしいのだな等、日頃からその子のことがよく分かっていれば子どもの気持ちになって考えることができます。その結果、時には「そう、今日は私にやってほしいのね」と言ってさっとやってあげることが必要でしょうし、「あなたならできるよ。私がここで見ているから、やってごらん」といって励ますことも必要でしょう。そのように、子ども自身の能力、発達段階とその時に乗っかっている気持ちを素早くキャッチすることで、子どもと信頼し合いながら身辺自立を進めることができるのです。

私の園の乳児の場合、子ども３人に対して担当保育士は１人です。しかし、おむつ交換や食事は１対１ですから、その時は他の２人はどうしているかというと、時間帯によって２人ともベッドに入っているときもありますし、起きて遊んでいる場合もあります。そのように起きて遊んでいる場合には、自分の育児に入っていないおとながプレイルームで見守ることになっており、決して子どもが放っておかれる状態にはしないように１日の流れを組んでいます。

また、担当制を活用していくためには、保育士の間であらかじめ決めておかなければならないルールがあります。それはある子どもに関わるおとなたちの育児の手順や順番を同じにしておくということです。たとえば、おむつをはずした後にどのように拭きお尻を上げてあげるのか、そのやり方や順番が人によってバラバラだったら、子どもは次に何がくるということが分からず見通しが立ちません。ですから、１人の保育士が休んで別の保育士がその子どもに関わったとしても、育児の手順や順番が同じであることが大事なのです。

乳児のための保育環境

乳児は周りの環境や雰囲気にとても敏感です。ここは自分にとって居心地のよい場所か、そうでない場所かということを肌で感じ取ります。ですから、園の中に家庭と同じような環境—ゆったりとしたソファーがあったり、ごろんとできる畳やお布団があったり、自分の好きなお人形があったり、季節のお花が飾ってあったり、窓を開けると自然の風が入ってきて気持ちがよかったり—が作られていることがまず基本になります。子ども自身がまるで自分の家にいるのと同じだと感じられるような保育環境を整えることが、まず一つ大切なことです。

二つめには、衛生的でお掃除が行き届いているということです。家庭ではそれほど神経質になる必要はないと思いますが、園は集団生活の場ですから、集団感染の可能性を考えることが必要になります。

三つめとして、保育環境を構成する一つひとつのものが美しいということも大切です。それは新しいからきれいだとか、高価なものだからよいというのではありません。たとえ100円均一のものでもきれいに洗われているとか、1980円の三段ボックスであってもそこにきれいに並べられているというふうに、おとなから見てすごく整理が行き届いているという、秩序があって美的な環境です。

そして四つめとして、子どもたちが遊んでみたいな、触ってみたいなというおもちゃや道具類が、いつでも子どもの手の届くところにあるということです。しかし、全部が全部子どもの手の届くところにあると収拾がつかなくなるので、必要な量だけ出しておく、引っぱるとカタカタと音の鳴るものは食事や寝ている時には棚の上に置いておくなど、必要に応じて片づけておくことも大切です。

このように要るものと要らないものがきちんと整理されていて、必要なときに必要なものが取り出せる状況になっているということは、遊びだけでなくケアの場合も同様に重要です。おむつ交換の時には、そこにお尻ふきやタオルがあり、その子の着替えが置いてあるというようにすべて整っている。食事をしたい時には、部屋の隅にしまってあったテーブルがいつもの場所に出てきてそこにテーブルクロスが敷かれ、ワゴンも決まった位置に置かれる。

おとながバタバタとあっちにものを取りに行ったり、こっちに取りに行ったり、動線のたくさんある空間ではなく、振り向いたらそこにタオルがあるというように、必要なものがパッと手が届く範囲にある動きやすい環境にいることで、子どもに対して余裕が出てきます。おむつやタオルを取りに行っている間に子どもを待たせることもなくなるので、子どもがごみ箱をひっくり返してあさるなどということもなくなります。

いつも決まった場所に必要なものがきちんと置いてあるということは、担当制によって決まったおとなが見てくれることと同様に、乳児の気持ちの安定にもつながります。また、あるべきところにあるべきものがきちんとあれば、ここはズボンを脱ぐ場所だとか、いつも○○ちゃんが座って脱いでいたから自分もやってみようというように、子ども自身の気持ちを引き出すこともできます。つまり、子どもの中に生活習慣が見通しとして、定着していくのです。

生活習慣をどう身につけさせるか

それでは、子どもに生活習慣をどのように身につけさせるのか、その具体的な進め方について述べたいと思います。基本的な生活習慣としては、食事、睡眠、排泄、着脱、衛生習慣などが考えられますが、ここでは食事を例にとって子どもの中に習慣をつくる過程をみていきましょう。

まず、赤ちゃんが普通のご飯を食べられるようにするまでには何をしたらよいのでしょうか。保育園には2ヵ月頃から来るようになりますが、初めは自分で座ることもできません。体の移動があまり自由にならないコンビラックやチャイルドシートのようなものに入れて育てられていることが多く、ご飯もそこで半分寝た状態で食べさせられている場合が多いのです。食べ物は口に放り込まれているだけ、しかもまだ奥歯がないのに硬くてそのまま飲み込むしかないような食べ物を放り込まれていることも少なくありません。

ここで大切なことは食べ物を口の中に放り込むのではなく、子どもが自分で食べ物を取り込むようにすることです。そのためには、一口量の食べ物をスプーンの先にのせ、子どもの下唇にあてるようにします。そうすれば食べたい子どもはもう少し口を大きく開けて食べ物を取り込み、噛んで飲み込むことができます。スプーンは口の幅よりも大きすぎず、平べったい形のほうがよいでしょう。子どもにぜひ身につけさせたい「噛む」という習慣も、このように子どもが自分で食べ物を取り込むことによって初めて可能になるのです。食べ物の硬さについては、たとえば歯茎でしか食べられない子どもにはスプーンの後ろで押すとつぶれる程度の硬さのものというように、その子の発達に合った食事内容を用意する必要があります。

また、食事のときには　「これはこういうふうに食べるのよ」「これは○○という食べ物で、体の調子をよくするのよ」という言葉がけも大切です。ただ食べてくれればよいというのではなく、子どもがそのような目に見えない心の栄養を取り込んでいけるような落ち着いた雰囲気も必要です。

食事のマナーも、毎日どういうふうに食事をしているか、おとなにどういうふうに食べさせてもらっているかが重要になります。子どもは初めからたくさんの食器を一度に扱うことはできません。最初のうちはおとなだけが食器を扱いますが、そのうちに子どもが食器を一つだけ扱えるようになればその子に一つ渡せばよいのです。また、その食器のサイズが大きくてご飯とおかずがいっしょに入るものであれば、食器をたくさん渡さなくても一つの食器でたくさんの機能を兼ねることができます。さらに、子どもがひとりでスプーンを使って食べるようになったときのことを考えると、食器はスプーンが入りやすい形をしているほうが親切でしょう。できるだけ子どもが主体的に楽しく食べられる環境を整えてあげることが大切なのです。

子どもが主体的であるには

さて、生活習慣を身につけさせるために子どもに関わっていく上では、子どもの主体性ということを常に考えること、そして子どもの自立を促すことが一番の目的であることを忘れてはなりません。先程の食事に関する例をとれば、口の中に放り込むのか、その子が自ら取り込んで食べているか、見かけは本当に微妙な違いです。まず子どもが自分で食べ物を取り込めるようにおとなが援助してあげる。子どもが自分でスプーンや食器を使って食べられるように、おとなが使いやすいスプーンや食器を用意しモデルを見せてあげる。つまり、あくまで子ども自身が食べることが主体であり、おとなが“食べさせる”のではないということです。このようにおとながきちんと発達段階をおさえた援助をすることで、最終的に子どもが自分自身でできるようになることが目標なのです。

おむつ交換のために育児室に行くときも、まず「おしっこ行こうね」「(おしっこが) 出ているから行こうね」と声をかけて、子どもがそちらへ向かう姿勢で抱いてあげます。月齢が低い子ほど、気持ちがこれからする行動に向いていなければ体がついてきません。おむつを取り換えるときも、「いっぱい出てるね、気持ち悪かったね」「じゃあ、きれいなおむつに取り換えてあげるね」と言って足ではなくお尻を上げてあげる。お尻をあげることで、子どもは自分の腹筋を使って足を上げなくてはならなくなります。そして汚いおむつをはずした後は、「ちょっと待っててね。いま手を洗うからね」と言って手を洗い、きれいな手でおむつを替えてあげます。将来お便所に行っておしっこをした後に手を洗うという習慣などは、このような経過を子どもが見るところから始まるのです。

乳児の場合にはまだ全面的におとなに依存している時期ですので、おとながすべてを管理していかなければなりません。しかし、主体性というのは生まれたばかりの0歳から始まっています。ですから先程の例のように、お便所に行くときには声をかけて体をその方向に向かせる、まず子どもの気持ちをそちらに向かせることが主体性の第一歩となるのです。次に子どもの運動発達が進んで自分でやろうと手を出してきた時には、それを認めて一つだけ子どもにやらせてみる。そうして自分ひとりでできることを一つずつ増やしていきます。このように子どもの主体性を大事にしながら援助を行っていくということは、子どものすること全てについていえることです。

「５本の指」の発達をいつも意識して

これまで子どもの主体性と自立、それに関わるおとなの援助ということを中心に述べてきましたが、最後に「５本の指」の発達という観点について述べたいと思います。保育園の役割としてよく「子どもの全面発達を保証していく」ということが言われますが、この「全面」（＝人格を丸ごと）とは何を指しているのでしょうか。非常に抽象的でわかりにくいので、私はいつもこの「全面発達」を５本の指を使って説明しています。まず親指が(1)生活習慣の形成、人さし指が(2)知的な発達、中指が(3)感情の発達、くすり指が(4)言語的な発達、最後に小指が(5)身体的発達・運動発達です。これらの発達がすべて大事なので、どれかが抜けてしまわないように常に５本の指を見て、思い出しながら子どもたちに接するようにしてくださいと言っているのです。

「生活習慣の形成」

①その子が健康的な生活を送るための衛生習慣、②集団生活、生活様式が身につくための習慣、③友だちとともに過ごすための仲間関係の習慣の三つがあります。これまで何度も述べてきましたように、このような基本的な生活習慣をきちっと身につけさせることが保育園の大変大きな役割だと思います。

「知的な発達」

これについては赤ちゃんがミルクを認識するまでの過程を例にとって考えてみましょう。赤ちゃんがお腹がすいて泣くと、お母さんがミルクを作って「お腹がすいたんだね」と持ってきてくれます。赤ちゃんはミルクを口に入れられると泣きやみます。そういうことをくりかえすうちに、赤ちゃんはミルクを口に入れられなくても、そのミルクを見ただけで泣きやむようになります。これはどうしてでしょうか。赤ちゃんは何度かの体験をしているうちに、哺乳瓶の形や白い液体の色を見ただけで、これはお腹を満たしてくれるものだということが分かるから泣きやむのです。それに、お母さんが「おいしいミルクができたよ」と語りかけることで、これがミルクと呼ばれるものだということも少しずつ分かってきます。つまり、初めは視覚を通して形や色などを認識し、次に聴覚を通してミルクという言語を認識する。このように五感を使っての認識を何回もくりかえすうちに、パッと見ただけでミルクだと分かるようになるのです。

また、赤ちゃんはこのミルクがお腹を満たしてくれるものだと分かると、お母さんの作ってくれるミルクに注目します。それは集中力の第一歩なのです。いま学校で生徒が集中できないということがよく言われていますが、実は集中するという能力も赤ちゃんの時から始まっているのです。さらに、ミルクに注目しているその瞬間には、その子の頭の中には記憶されていたものが蘇ってきていますから、記憶力という能力も使っています。その次にくるのは想像力です。実物のミルクを見なくてもお母さんが「ミルクよ」と言っただけで泣きやむというのは、その子の頭の中でミルクというものの像を描いているからなのです。物事を認識して考えるようになるまでの過程というのはこのような経過を踏むため、０歳からも知的な発達が保障されなければならないのです。赤ちゃんへの語りかけなどは普段から無意識に行っていることですが、このように知的な発達につながっていくのだということを意識してほしいと思います。

「感情の発達」

感情の発達は喜びから始まります。赤ちゃんのときにはお腹がすいたら泣き、いっぱいになったら喜ぶ、おむつが濡れたら泣き、きれいになったら喜ぶという快、不快の感情しかありません。そのうちに怒りがあったり、やきもちがあったりと感情が分化していきます。けれども、赤ちゃんのときは喜びの感情をまずいっぱいにしてあげてほしいのです。赤ちゃんが「ウックーン」と喃語を言ったらお母さんがニコニコ笑って返してくれる。それも喜びです。そこから感情を育てていくことが大事なのです。

「言語的な発達」

言語については、いろいろなものの名前を覚えたり、いま自分が感じている気持ちがどういうことなのかをおとなに代弁してもらったりすることがありますが、いずれにしてもおとなに言ってもらわないと子どもは覚えていきません。また、この言語が知的な発達と密接な関係にあることは先程述べた通りです。

「身体的発達・運動発達」

立ったり、座ったり、歩いたり、しゃがんだりといった体全体を使った動きと、何かを握ったり、つまんだり、ひねったりといった腕、手首、掌、指を使った細かい動きがあります。体全体のバランスがとれて、手先など末端の部分が器用になることによって、日常生活における基本的な所作をこなしていけることが目標になります。

これらの五つの発達を全部ひっくるめたものが全面発達（＝人格形成）なのだと考えています。それを覚えやすいように５本の指に収めているわけです。おとなが子どもに関わるときには、この五つ発達がバランスよく育つようにいつも意識してほしいと思います。

たとえば子どもにわらべうたをうたってあげているときには、その子の何が発達しているのでしょうか。まず楽しいという喜びの感情の発達があります。それからもちろん、わらべうたの歌詞によって言葉を覚えるという言語的な発達があります。そしてさらに、子どもがうたに合わせて体を動かすことで運動発達にもつながっています。このように今やっていることが子どもの何の発達につながるだろうかと考えてみることがとても大事なのです。ときどき自分の行動を振り返ってみて、子どもに対して何が足りないのかを考えるときの評価基準にもなります。

「５本の指」の発達保障のためのおとなの役割

５本の指の発達を保障するためのおとなの役割にはどのようなものがあるでしょうか。具体的に以下のように挙げてみました。

①子どもの気持ちを整える（情緒の安定）

子どもが安心してあそぶことによってバランスよく育つのですが、そのためにあそびの内的条件を整えてあげる必要があります。家庭からの生活リズムがスムーズに保育園へと流れているかを見て、もしそうなっていなければ休息、午前睡を用意していくなど、臨機応変な対応が求められます。

②道具を整える

月齢、年齢、その子の発達に合った道具、またはその子の発達を促すことのできる道具を整えることが必要です。

③あそびができる空間を整える

秩序的に整理された部屋で、じゃましたり、じゃまされたりということが起こらないようにあそびの空間を整えることが必要です。

④全体の空間の中で動きができる（空間認知）

子どもは基本的に、何（どんな道具）を、どこで、誰と、どんなふうに、どのくらいの時間あそんでも自由です。あそびが終わると元の場所に戻しておくというルールを子どもが理解していくことが大切です。

⑤流れる日課を取り入れることで、あそぶ時間を保障することができる。

子どもを待たせることのない日課を組むことで、十分なあそびの時間をつくります（流れる日課については112頁参照）。

このように見ていきますと、乳児期の保育がいかに将来に重大な影響をもっているかがわかります。経験ももちろん重要なことですが、専門性－現実の子どもたちの保育内容が子どもの発達段階に即しているかどうか、一人ひとりの子どもたちのおかれている状況を知るための知識など－を私たちおとな自身が自己啓発していかなければならないのです。

0～3ヵ月

肌で安心・愛情を感じる

体と心の発達、生活リズム、おとなの配慮

外からの刺激に敏感に反応

生まれたばかりの乳児は、母体内から外の世界へという環境変化に体を適応させようとしています。生まれて間もない頃は、身体は丸くなっていて、うつぶせの状態では頭を片側から反対側に向ける程度にのみ動かすことができます。まだ首がすわっていないので、立てて抱くと頭がぐらぐらします。視覚的には、はっきりした色に反応し、中程度の強い光のほうを向こうとします。鼻先25cmのものだけがはっきりと見えるので、その距離のものを動かすと、ある程度追視できます。常に手は握られており、手のひらに置かれたものを握る反射行為がみられます。まわりの環境の音、特に人間の声に敏感に反応します。不意の大きな物音にはビクッと体をこわばらせたり、驚いて泣いたりします。

体の動きがより活発に

6週目ぐらいからは、視力も視野も発達してきて、胸に抱くと興味を持っておとなの顔を注目するようになります。一般的な身体の発達もすすみ、うつぶせにすると、何分間か頭を上げていられるようになり、クッションなどで支えると座れるようにもなります。体

の動きも活発で、寝たままの状態で首の向きを変えたり、手足を頻繁に動かしたりします。

この頃にはほぼ確実に母親の声を聞き分けるようになり、心地よい声に微笑んだりします。口を開け閉めするようになるので、少しずつ「アー」「ウー」などの喃語が出始めます。

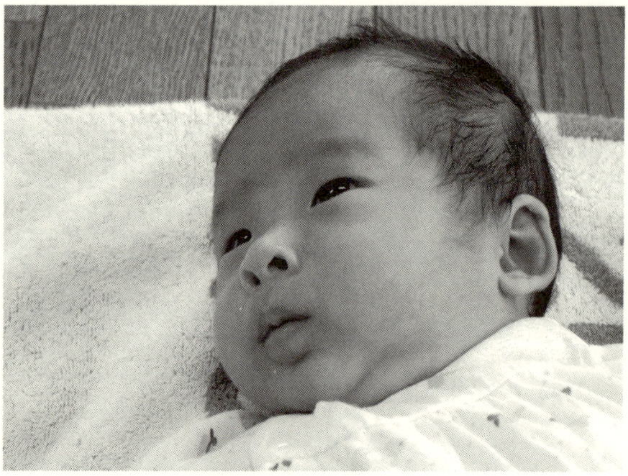

▲信頼するおとなの顔に注目

自分の意思で体を動かせる

3カ月頃には首もすわり、手足を自分の意思で自由に動かせるようになります。足を力一杯蹴ることもあり、仰向けから横向きまで体をねじることができるようになります。おとなの動きに注目しはじめ、鼻先から25cmのものの動きを、全ての方向に追視できるようになります。この時期は自分の体や特に手足を動かしてあそびます。自分の手の動きを眺めたり、手をからませてあそんだり、偶然口の中に入った手や指を吸っていることもよくあります。ガラガラなど手に置かれたものを短い間握りますが、まだそれを見ることはしません。音に対してもより敏感になって、音の聞こえたほうを向いたり、会話している声とその他の音を聞き分けたりするようになります。また、声を出して笑うこともあります。

子どもが自由に動けるように

うつぶせの姿勢を保ったり、体をねじったり、両手を絡ませたりという運動発達は、手足など体を使ってあそぶという経験が不可欠です。まだ自分の意思でしっかりと動くことができないこの時期だからこそ、普段から子どもの手足を拘束しない、自由に動ける形の洋服を着せるようにします。また、

▼両手両足は自由に

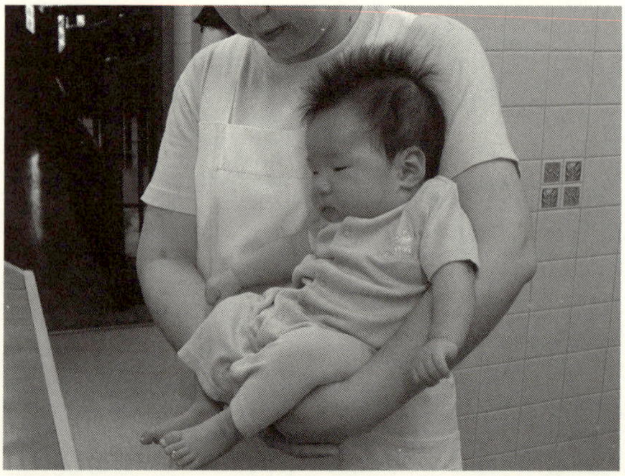

沐浴、オムツ交換、授乳の際には、子どもの手足が自由に動けるような抱き方や援助の仕方をするようにします。

目と目を合わせたコミュニケーションを

この時期は、自分の欲求や生理的な快・不快を泣いたり、微笑したりという表情の変化や体の動きによって表現します。眠い、お腹がすいた、おむつが濡れたなど泣く原因はさまざまですが、おとなが子どもの泣き声を聞き分けて、すばやく適切な対応をすることにより、お互いの間に心の結びつきや信頼関係が生まれていきます。そのためにも普段から、必ず目と目を合わせて語りかけるコミュニケーションを重ねて、子どもの出すサインを敏感にキャッチできるようにします。

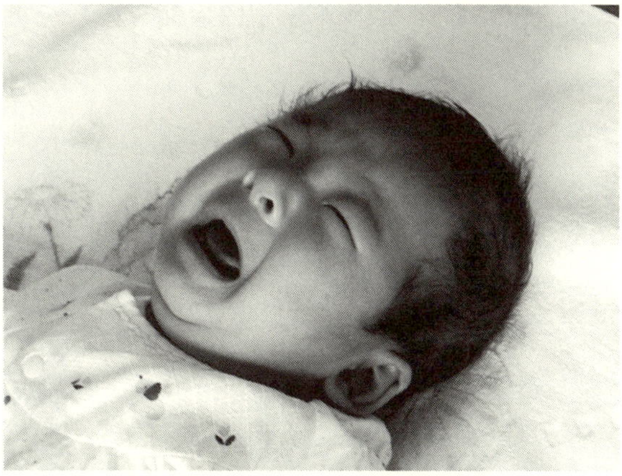
▲泣いて不快感を訴える

安心感や落ち着きをもたらす環境づくり

この頃の生活の大半は睡眠です。おとなのような深い眠りではなく、浅い眠りのくりかえしです。だいたい2～3時間おきに目を覚ましてミルクをほしがり、満腹して1時間ぐらいするとまた寝てしまうという生活リズムです。昼夜の区別もありません。ですから、家庭とは違う保育園という新しい環境の中で、いかに安心して眠れる場所を確保してあげられるかが重要になります。ですから、最初の面接の時に家庭でどのような環境で過ごしているかを細かく聞いて、できるだけ家の状態に近い、子どもに安心感や落ち着きをもたらす環境づくりを心がけます。

食事

乳汁期にあたるこの頃は約2時間～3時間おきにお腹がすいてきます。授乳のタイミングは睡眠をベースにし、起きてからすぐ授乳するようにすると、一番無理なくお腹がすいた状態で飲ませることができます。

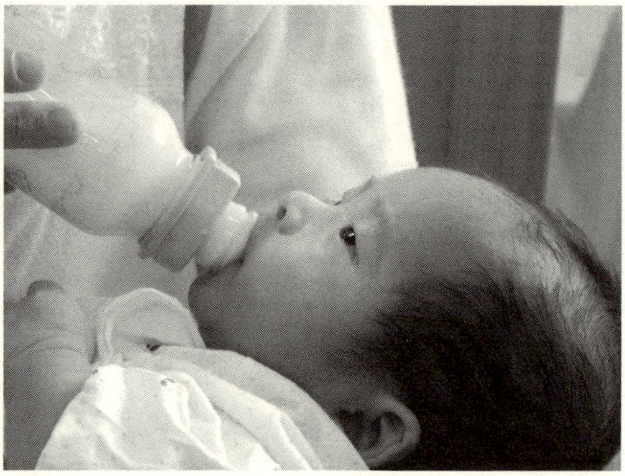

▲やさしく語りかけられながらの授乳

おとなは子ども一人ひとりの子どもの授乳時間、好む適温、分量などを熟知しておく必要があります。哺乳瓶や乳首は、サイズ、形、硬さなどメーカーによってはさまざまな種類がありますが、家庭で使っているのと同じものを使うようにします。

また、授乳の場所も、いつも決まった席で行うようにします。子どもが次に何をするのか見通しがつくためには、誰にどこに連れて行かれているのかが習慣づけされている必要があります。まだ子どもが直接食材を手にすることはない時期ですが、口元を拭くということだけでなく、席について食べる前には手を拭く行為もやっておくことによって、後々の衛生習慣につながることになります。

すべての育児行為にいえることですが、授乳のときはただ飲ませるというだけでなく、必ず子どもと目と目を合わせ、「今日はとてもお腹がすいているのね。よく飲んでいるわね」「今日はあまり食欲がないのかな」など、やさしく語りかけるようにします。体の栄養だけでなくこのような心の面での満足を与えることが、子どもの食欲にもつながるし、おとなと子どもとの間の信頼関係を築いていくための基礎にもなるのです。

冷凍母乳・粉ミルクの調乳法

①調乳台をきれいにする。
②石けんと流水で手をよく洗う。

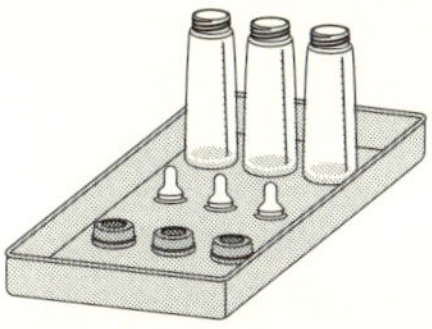

③消毒乾燥した角盆の上に哺乳ビンのカバーをかぶせた乳首とキャップを並べる。

冷凍母乳の扱い方

《保存方法》

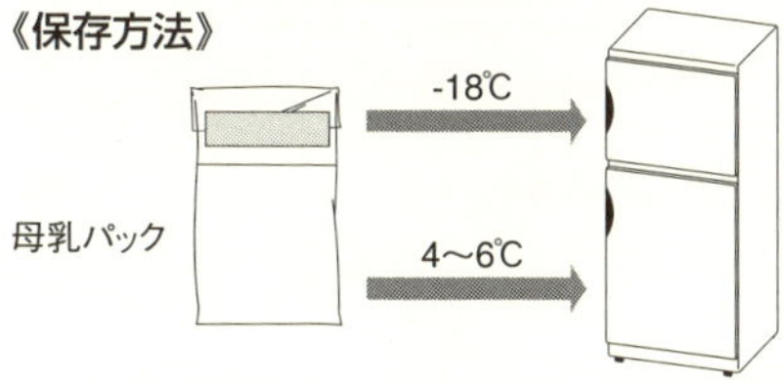

《冷凍母乳の解凍方法》

×熱湯
×レンジ
春秋…流水
夏……放置
冬……保温槽

切り口を消毒綿で拭き、バッグ専用の消毒したハサミで切る。

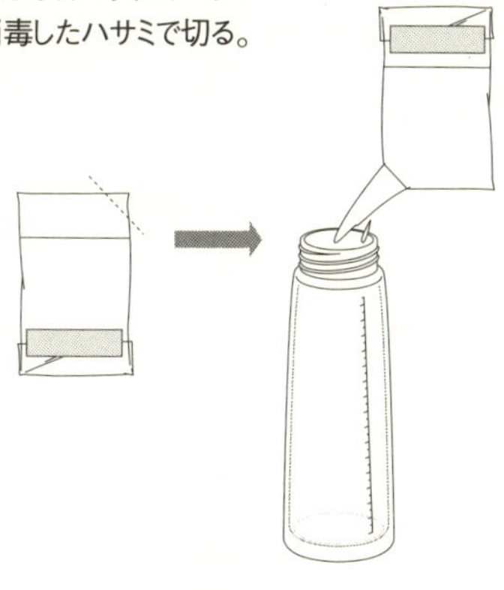

粉ミルクの扱い方

できあがりの量の1/2～1/3の湯（50～60℃）を入れる。

分量の粉ミルクを入れる。

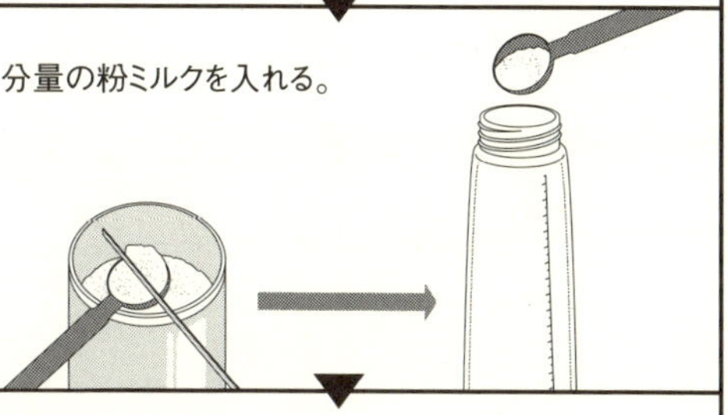

静かにビンを振ってよく混ぜ合わせる。

できあがり量まで湯を加える。

《加熱・保温方法》
保温槽（湯煎）
……空き缶を利用（40℃）

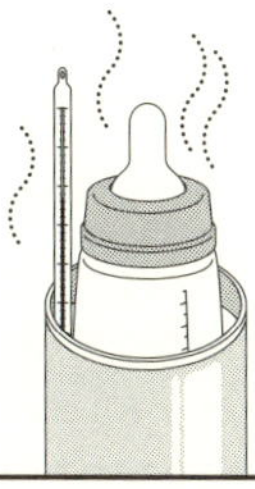

乳首、キャップカバーを消毒ばさみ、またはピンセットを使って付け、さらにビンを振って溶かす。

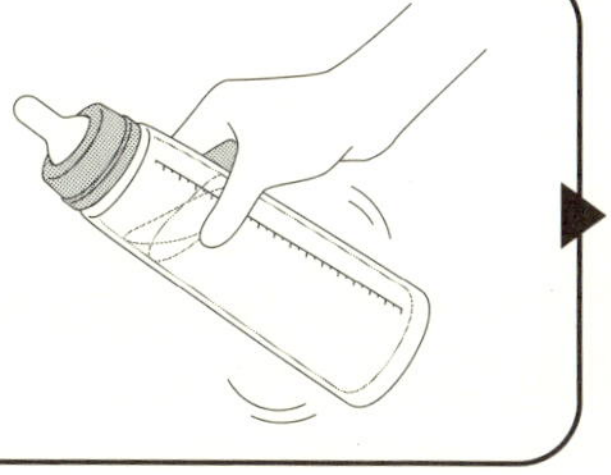

▶ 授乳

田原喜久江、柳澤芳子、米山千恵『おいしい保育所の食事づくり－栄養士・調理員・保育士・看護師の連携で－』2002年、明治図書より

調乳器具の消毒

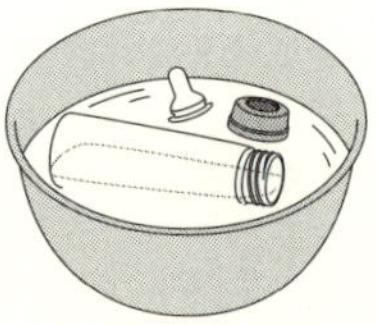

飲み終わったものから、ミルクかすが乾いてこびりつかないように水の中につけておく。洗うときの洗剤は、安全なものを選んで使う。

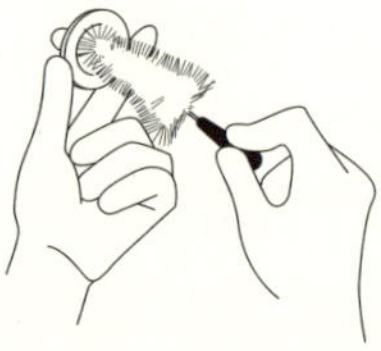

専用のブラシを使ってよく洗い、流水で洗い流す。乳首の穴、空気孔はつまりやすいので、乳首を裏返して洗う。

煮沸する場合

哺乳ビンを横にして入れる。乳首、キャップ、カバー以外の調乳器具も入れる。
全体の調乳器具を覆うだけの水を入れ沸騰してから10分間煮沸する。

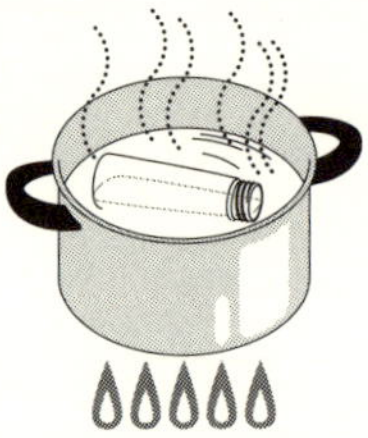

▼

10分たったら、乳首、カバー、キャップも入れて、さらに3分間煮沸する。

▼

鍋のふたを押さえたまま横にして水を切る。

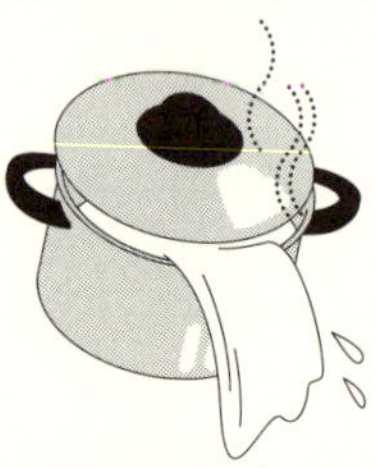

▼

専用の消毒済みステンレス製調乳器具ケースに入れて、清潔に保管する。

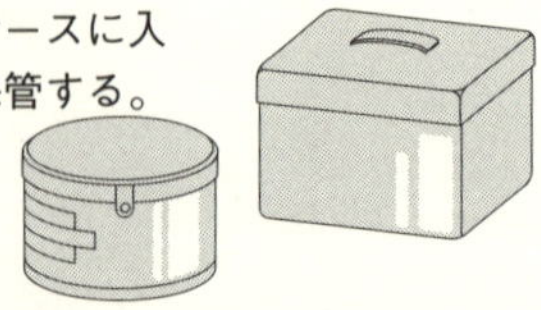

《ステンレス製ふた付きポット or 医療用カスト》
乳首、キャップを入れる。

蒸す場合

湯気がビンに入るように蒸し器の中に逆さに立てて並べる。
乳首とキャップ、カバーは、始めから入れない。

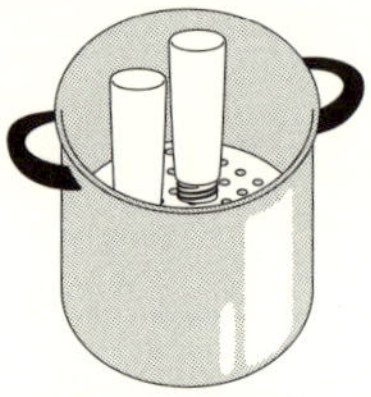

▼

湯気が立ってから10分間蒸す。

▼

10分たったら、乳首とキャップ、カバーも入れて、さらに3分間蒸す。

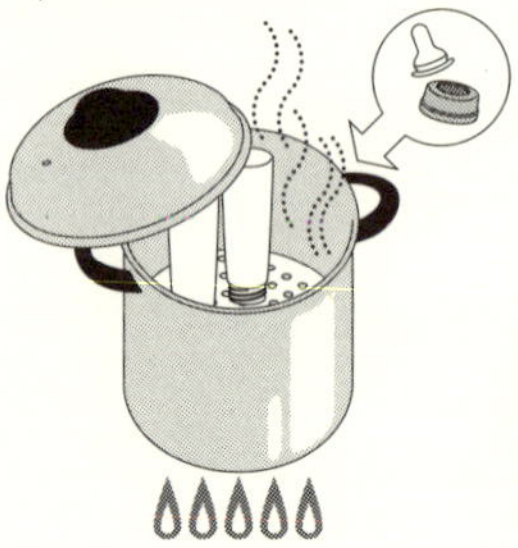

▼

火から下ろしてそのまま冷まし、使うときに取り出す。

田原喜久江、柳澤芳子、米山千恵『おいしい保育所の食事づくり－栄養士・調理員・保育士・看護師の連携で－』2002年、明治図書より

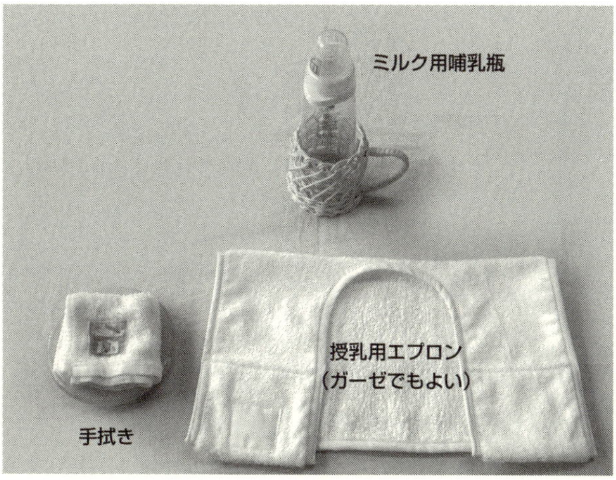

▲乳汁期の食事セット

食事の流れ、ポイント

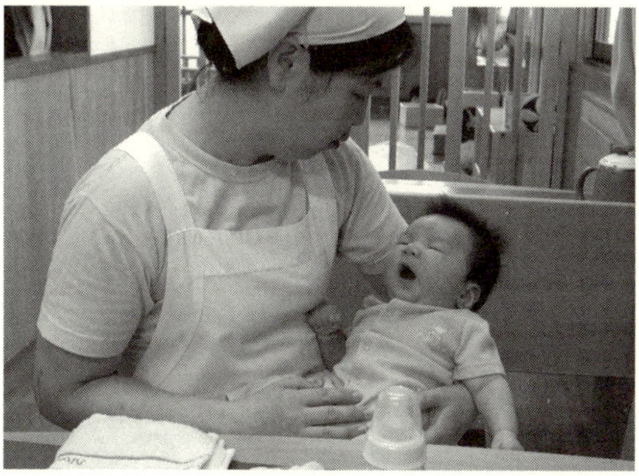

いつも決まった席につく。

※椅子を引いて背中を椅子の背につけて深く座り、ひざが 90 度になるように調節する。大人の左手は子どもの腰にそえるようにして、子どもの両手が常に自由になるように抱く。

口のまわりを拭く。

※口のまわりを拭くことで、清潔を保ち、唾液の分泌を促す。

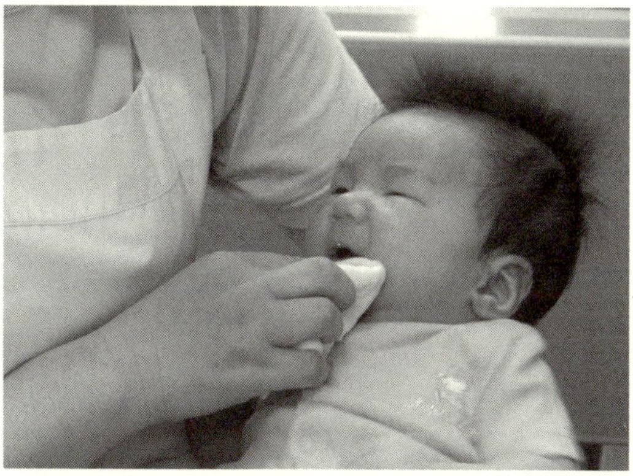

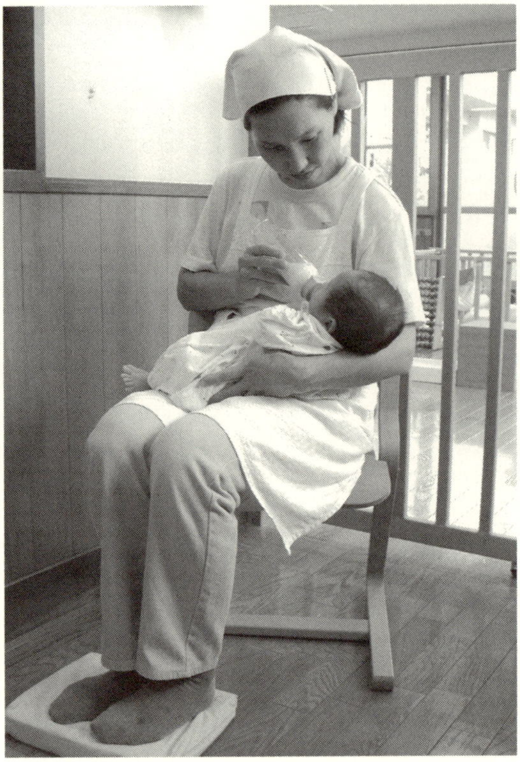

おとなの左腕に子どもの体重がしっかりとかかるように抱く。

※おとなは授乳の途中で体を動かしたり姿勢を直さなくてもいいように、背もたれやクッションなどを利用して安定した状態で飲ませてあげることが大切。
※椅子の高さが合わない時には、足の下に台を置いて姿勢を安定させる。

左右の手を拭く。手をいつもにぎっているので、指をひろげて指の間も拭く。

※後々の食事前に手を洗う習慣に結びつく。また、拭く手の順番も園のなかで左からか右からかを統一しておく。この場合、子どもを支えている側から拭いている。

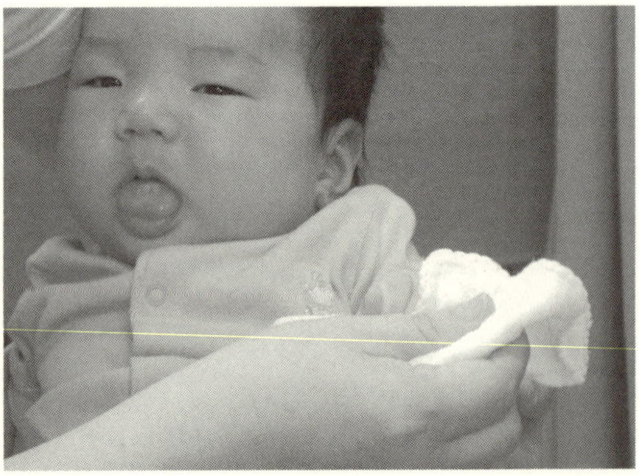

エプロンをつける。

※ガーゼのハンカチでもよい。

授乳する。

※母乳の場合は横抱きだが、哺乳瓶の場合には少し立ててあげた状態でゆっくりと飲ませる。哺乳瓶を横に寝かせた状態で飲ませると空気も一緒に飲んでしまい、必要な授乳量が確保できない。

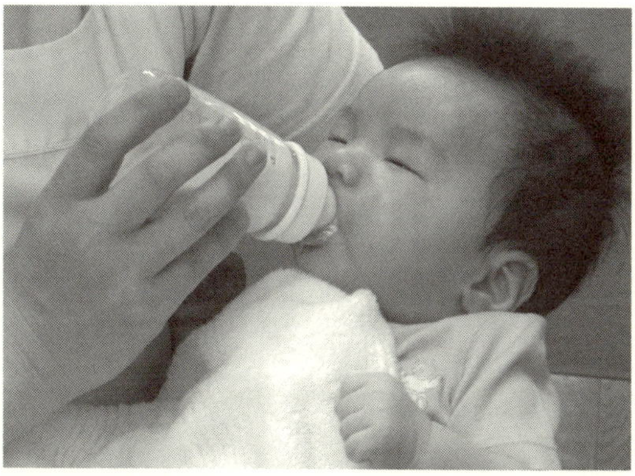

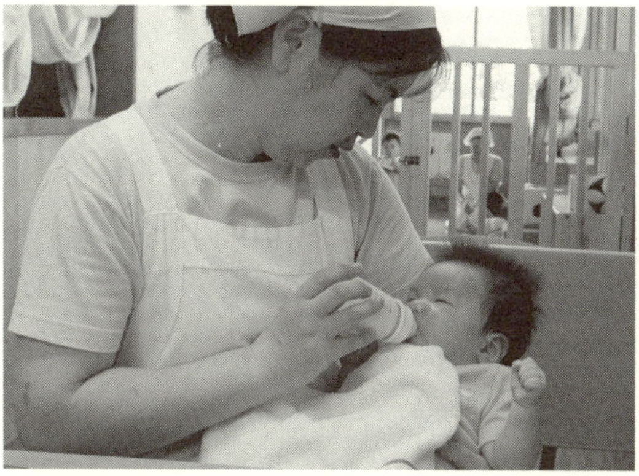

目をあわせて、話しかける。

排気を促す。

※まだ首がすわっていないので、気をつけてたて抱きにして背中を下から上になでる。

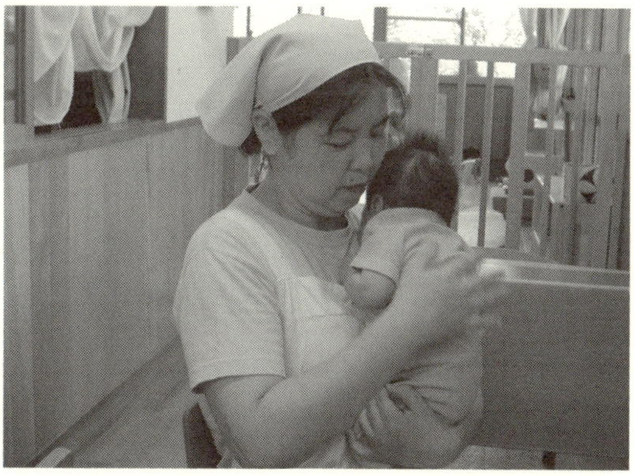

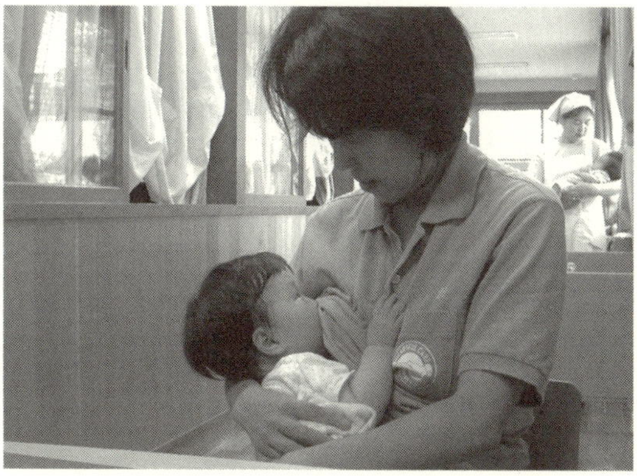

保護者が仕事の合間に授乳に訪れる。

※母乳哺育の希望がある場合には、産休明け後にも母乳栄養が継続できるように、積極的に受け入れるようにする。登園が難しい場合には、冷凍母乳を持参してもらうようにする。

着脱・排泄

この時期は30～40分おきに頻繁におしっこをし、便についても多い子は1日2～3回ほどします。肌が敏感なため、放っておくとすぐにかぶれてしまいますので、子どもの排泄の時間帯に合わせてこまめにおむつ交換を行うようにします。まず、子どもが来園したとき、保護者にその日の朝の何時におむつ交換をしたのかを聞き、交換のタイミングを計るようにします。なるべく子どもが濡れたままの状態でいる時間を減らすように気を配り、常に快の状態になるように心がけます。

まだ首もすわっておらず、支えなしでは不安定な状態です。着脱・おむつ交換の際は、安全面をまず第一に考える必要があります。ベッドから連れ出すときの持ち上げ方、抱き方、そしておむつ交換台へおろす時、服を脱がせるときの腕の抜き方など、子どもの体が無理な体勢になったり、急激な動きの変化をあたえたりしないように細心の注意を払います。

この時期は、おむつ交換に子ども自身が参加することはありません。しかし、足腰がしっかりしてくる頃には、おむつを換えるときに自らおしりをあげてくれるようになりますし、着脱行為も自らすすんで行えるようにならなくてはなりません。最初の段階から言葉がけなどのコミュニケーション、そしておとなが行うことを必ず言葉にかえて伝えてあげることで、後々に子ども自身がおむつ交換に参加してくれるようになります。無理矢理で機械的な作業を行って子どもに不快感をあたえることなく、この人におむつを交換してもらえば気持ち良くなると子どもに覚えてもらうようになれば、子どもの育児参加への意欲も高まっていきます。

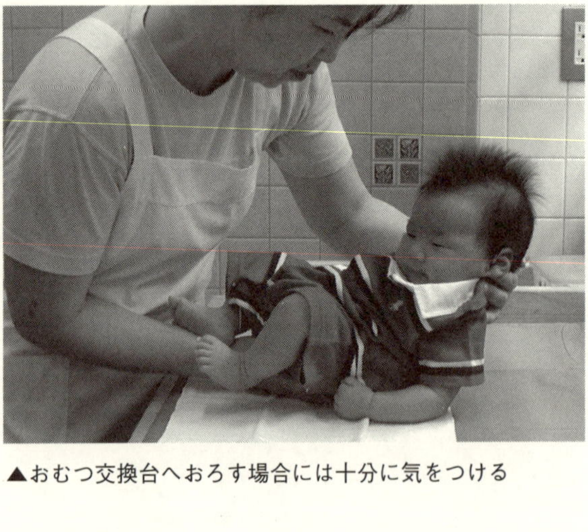

▲おむつ交換台へおろす場合には十分に気をつける

着脱・排泄の流れ、ポイント

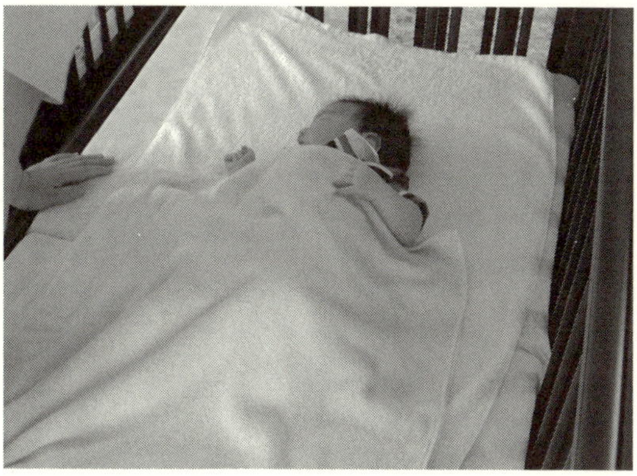

子どもをむかえにいく。

※カーテンを開けて目覚めをよくする。おむつ、カバー、着替えは、あらかじめいつも決まった場所の交換台に用意しておく。

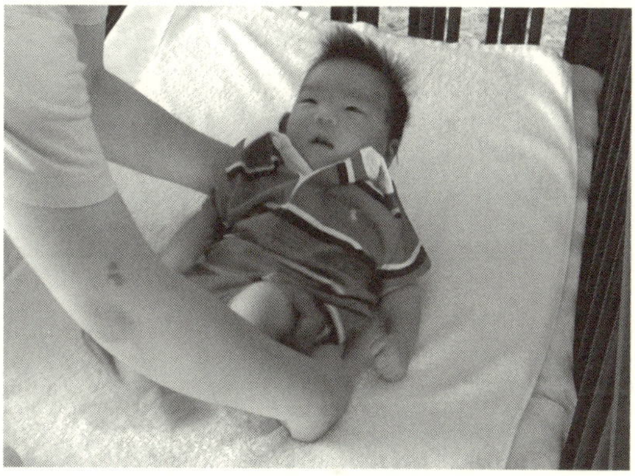

首の下とおしりに手を回し、気をつけて抱き上げる。

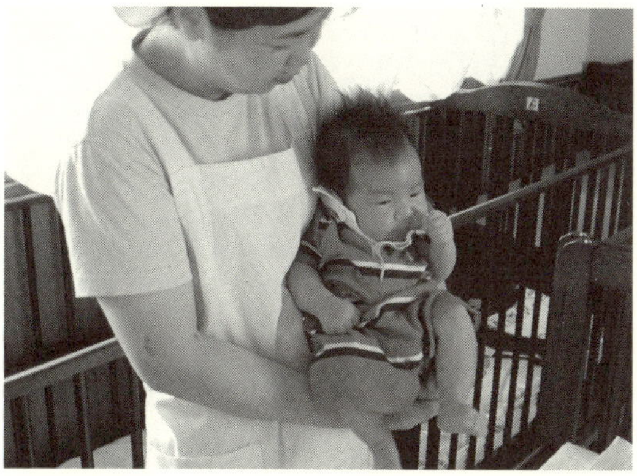

手足が自由になるように抱く。

※おむつ交換台まで、進行方向に体を向かせて抱く。今からどこにいくのか、次に何があるのかをわかるようにしておくことで、早い段階から育児の流れの見通しをもつことができる。子どもの気持ちがおむつ交換に向かうようにする。

子どもをおろす。

※不安定にならないように、頭を固定し、お尻からおろす。頭側からおろそうとすると、子どもが怖がってしまう。
※交換台は共同で使用するので、お尻の下にはその子のおむつまたはタオルをしいておく。

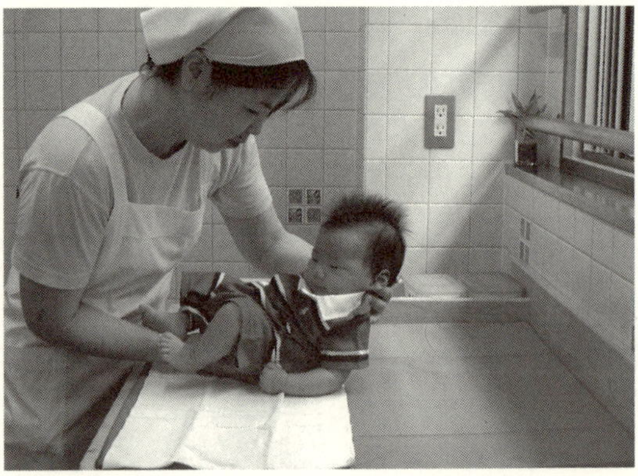

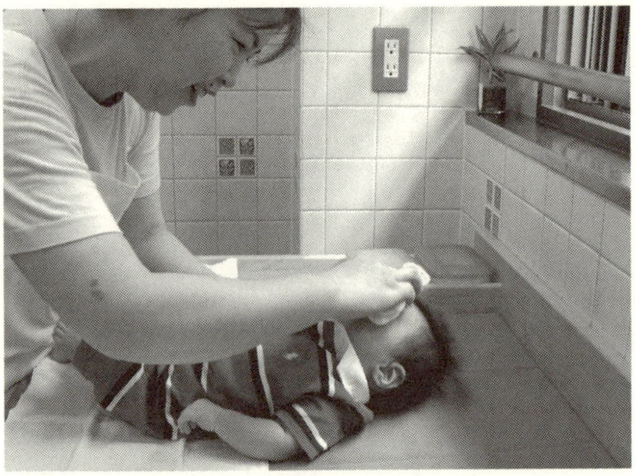

顔を拭く。
機嫌の良い時は手も拭くようにする。

※清潔にして、副交感神経から交感神経への切り替えをスムーズにして、目覚めを良くする。
※後に顔を洗うという習慣にむすびつく。

着替え。

※袖から腕を抜く時には、大人の手を添えて、内側からひじを抜く。
※手首を持ってひっぱったりすると脱臼などの危険性があるので注意する。

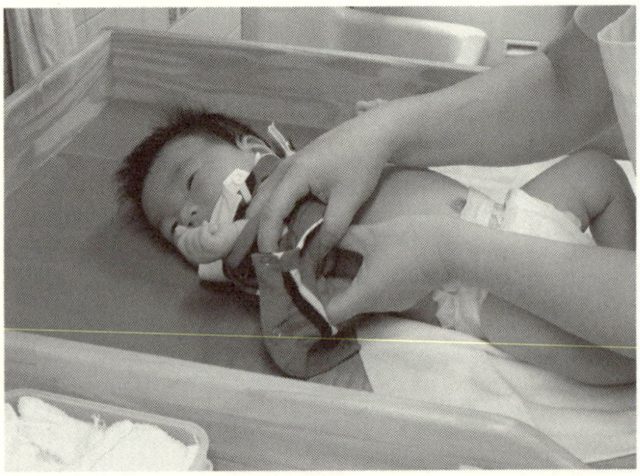

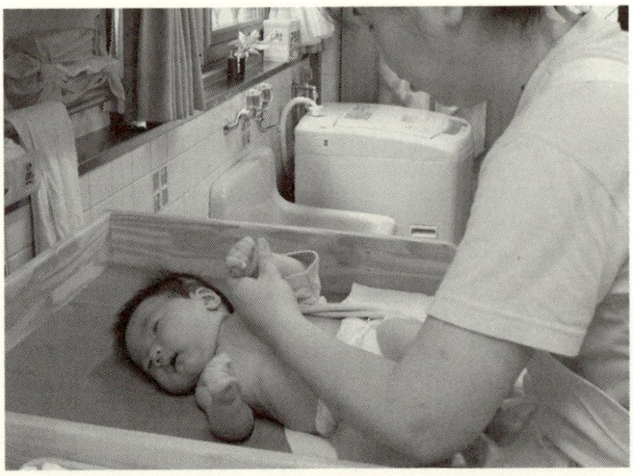

新しい服を着せる。

※まず左袖を通し、服を背中に入れて右側から出して右腕を通し、子どもの動きを最小限におさえるようにする。
※清潔と鍛錬のために、午睡後のおむつ交換では、夏はＴシャツ、冬は肌シャツを着替える。

お尻を持ち上げておむつを外し、酸性水のカット綿で一回ずつ面を換えて拭く。

※足を持って引っ張り上げるのではなく、お尻を持ち上げることにより両足は自由になる。自らお尻を上げておむつ交換に参加するようにするための習慣づけ。

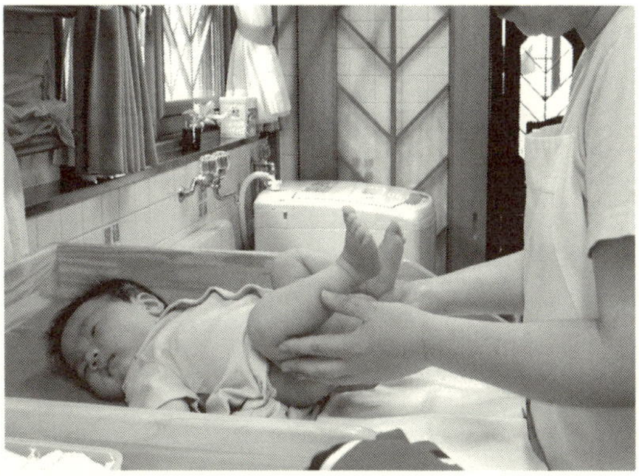

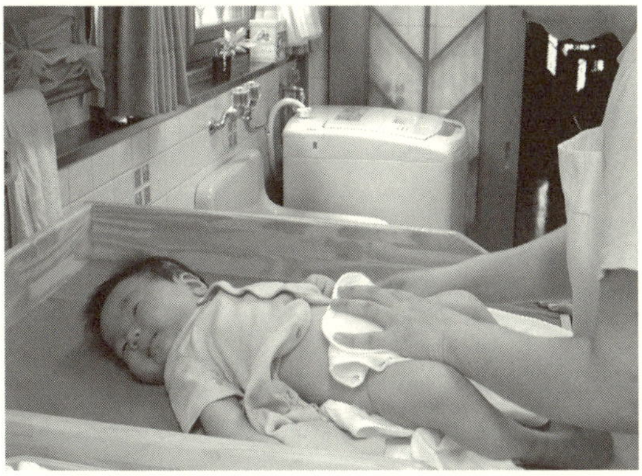

おむつを交換する。

※カバーからおむつがはみ出していないかを確認する。
※新しいおむつを手にする前には、必ず石鹸で手を洗う。おむつ交換後も再度手を洗う。

首がすわっていない段階では、頭を支えながら上体を起こす。
しっかりと抱き上げた後、交換台を、ピューラックスの薄め液を浸してしぼった台拭きで拭く。

※慣れない段階では、別の場所に子どもを移してから消毒する。

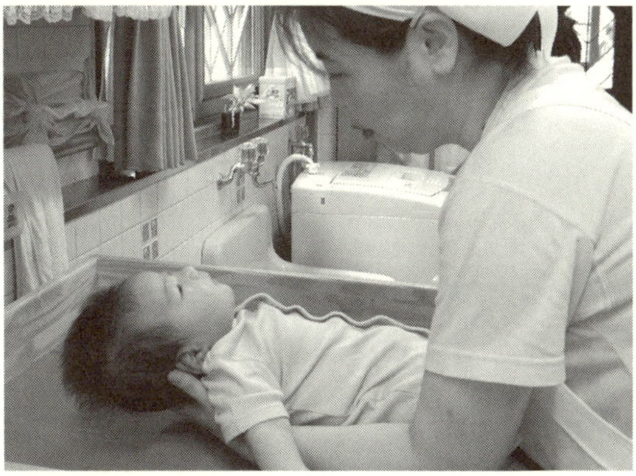

4〜6ヵ月

あやすおとな、聴く子ども

体と心の発達、生活リズム、おとなの配慮

奥行きや高さのある世界を体験

4カ月頃になると、首がすわり、うつぶせにすると手を床につけて頭と肩をもち上げようとします。また、うつぶせから仰向けへの寝返りも見られるようになります。腰や背骨はまだしっかり安定していない時期ですが、背中を支えてあげればしばらく座った姿勢を保つことも可能です。自分から手を伸ばしてものに触ったり、「ものを触る」「手を引っ込める」を繰り返してものの距離をはかることにより、まわりのものの立体感や遠近感などもある程度わかるようになります。そのため、育児の中でも、授乳の時におっぱいや哺乳瓶に手を添えるなどの行為が見られるようになります。

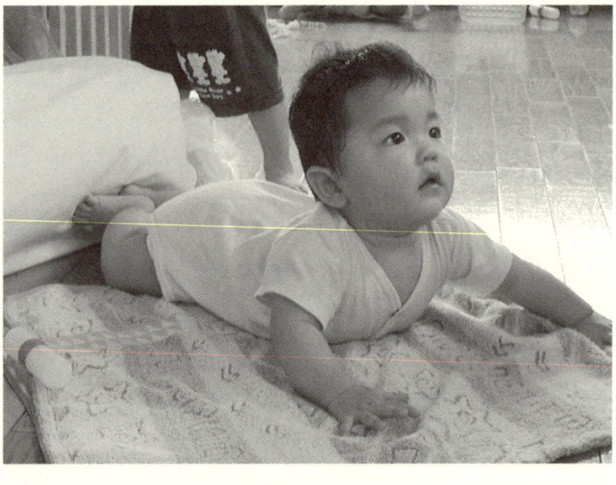

▲頭と肩を持ち上げて視界をひろげる

言葉を発する前の準備段階

言葉の発達や理解がすすみ、喃語がますます盛んに出るようになります。最初に長く伸ばした母音を言うようになり、しだいに母音の前に子音をつけるようになります。世界中の赤ちゃんがこの頃は共通の声を出しています。唇や舌を震わせる「ブーブー」といった発音もできるようにもなり、言葉を発する準備がしだいにできてきます。

両手の動きが自由になる

６カ月頃には、仰向けの状態で頭を上げようとしたり、仰向けからうつぶせへの寝返りもできるようになります。少しの間なら背中の支えがなくても座ることができ、脇の下を支えて立たせると、両足で床を蹴るようにピョンピョンと飛び跳ねます。この頃には、手の動きもかなり自由になります。片手もしくは両手で掴んでものを持ったり、片方の手からもう片方の手にものを持ち替えたりすることもできます。自分の足であそんだり、足を口に持っていってあそんでいる様子もよく見られます。これはおもちゃなどを何でも口に入れるのと同じ感覚で、「なんだろう？」と口で確かめているのです。

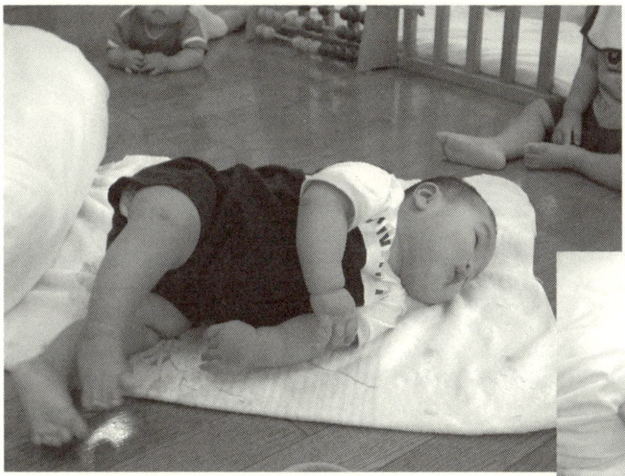

▲仰向けから…

▼うつぶせへゴロリ

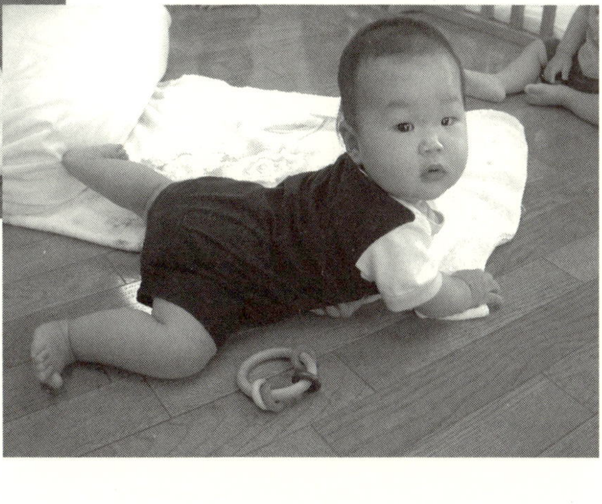

※首・肩・腰・足の順で寝返りをうつ。足下にジャンボクッションなどを用意しておくと、足で蹴って寝返りがうちやすい。

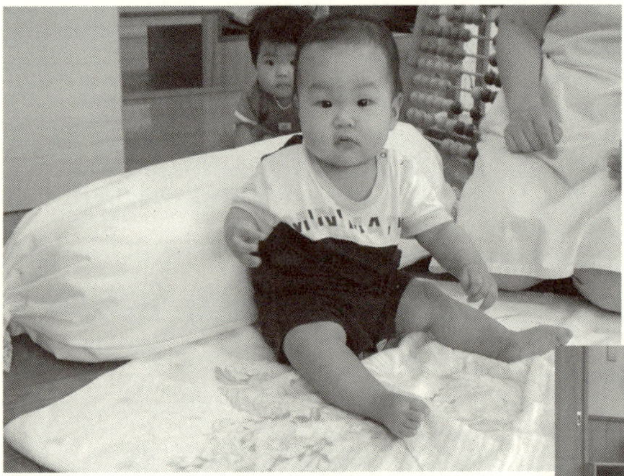

▲支えなしでも少しの間なら座ることができる

※ただし、自ら座るようになるまでは、おとなが無理に座らせる必要はない。

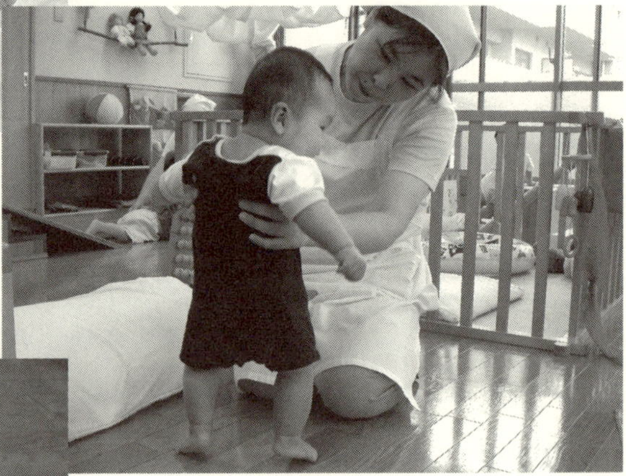

▲両足で床をピョンピョンと蹴る

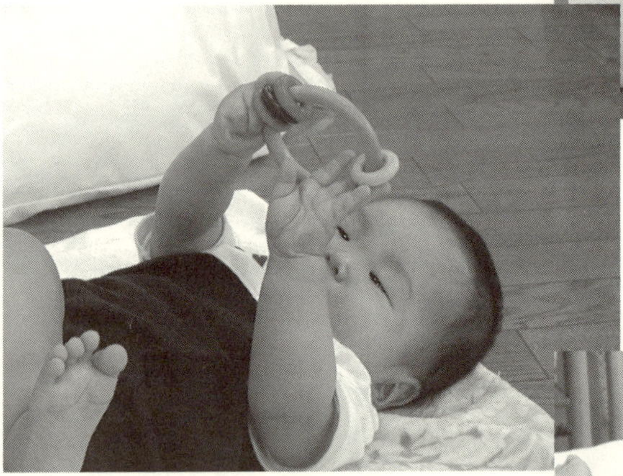

▲両手でつかんでじっくり観察

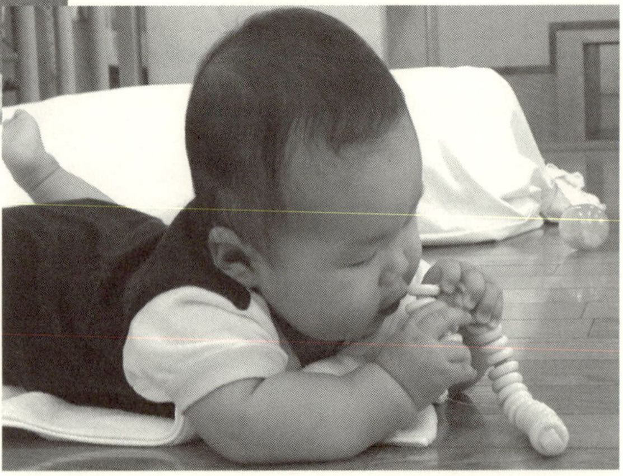

▲何でも口に入れたがる

うつぶせ・寝返りをしやすくする

うつぶせになりやすくするための道具としては、古くなったバスタオルや毛布などをくるくると巻いて作ったロールクッションがあります。それを胸の下に敷いてあげることで上体が上がりやすくなり、楽にうつぶせの姿勢をとることができます。また、寝返りをうちやすくするためには、足元にひっかかるようなもの（大きなクッションなど）を置いてあげるとよいでしょう。それをポンと蹴った勢いで、寝返りがしやすくなります。

子どもと積極的に「会話」する

言葉・情緒の発達では、喃語の数がますます増える一方で、母国語としては使われない発音を次第に忘れていくようになります。この頃には人の顔の見分けもつくようになっており、いつも身近にいてよくかかわってくれる人に対して、特に声を発したり笑いかけたりします。子どもが声を出した後でおとなが声を出すのを待ったり、そしてまた声を出して返事をするなど、大人と「会話」を続けるようになります。

子どもにも育児に協力してもらう

生活のリズムについては、だんだんと昼間は起きていて夜はまとめて寝るという、おとなに近い生活リズムができてきます。睡眠については、午前、午後、夕方の3回になります。食事面では液体から固形物での栄養摂取に変わる時期にあたり、3～4カ月頃から果汁や野菜スープなどを食事に取り入れていきます。栄養の主体はまだしばらくミルクですが、5カ月ごろにはドロドロのお粥状の離乳食、6カ月ごろには潰して少し形が残っている程度の離乳食が食べられるようになります。食べ物は子どもの口の中に入れるという感覚ではなく、あくまで子ども自身が食べ物を取り込んで咀嚼、嚥下するのを助けるようにします。この頃には子どもも育児行為に対して反応を示し、子どもなりに参加しようとしてくるので、言葉がけによって協同を促し、子どもの反応をゆっくりと待ってあげることが大切です。おむつ交換時に、自分から足をあげてくれた場合や、最後に自分の腹筋の力を使って起き上がってくれた場合などには、子どもが育児に協力してくれたことをほめたり感謝するような言葉がけをします。その意味では、同じ育児行為でも、子どもの月齢が上がるにつれて言葉がけは少しずつ変化していかなければならないのです。

食事

乳児の食事計画のなかにおいて、4～6カ月頃は離乳の準備段階と離乳期の初期にあたります。子どもが乳から離れていくための第一歩であり、乳汁栄養から幼児食に移行する過程が離乳です。この過程を通じて、乳汁を吸うことから、食べ物をかみつぶして飲み込むことへと摂食機能が発達していきます。食品の量も種類も多くなり調理の形態も変化していきます。この摂食行動は次第に自立へと向かっていくことになります。

離乳の開始は、5カ月ごろの首がしっかりとすわり、支えてやるとすわれ、食べ物を見せると口を開けるなどの発達段階を目処に、初めてドロドロとした食べ物を与えることになります。

しかし、その1カ月ほど前からを準備期間にして、野菜スープや果汁などの液状のものをミルクの前に与えるようにします。おとなはそれぞれの子どもの発達の状況を把握した上で、それぞれの個人差も考慮にいれ、子どもにとっての新しい食文化との出会いを楽しいものにする必要があります。それまで哺乳瓶でミルクを飲むだけだった食事に、お皿、コップ、スプーンが新たに加わります。机の上で食べる食事のスタイルになるわけですから、後々の子どもの食事の習慣に大きな影響を与えるものになります。これまで以上に子どもの反応に心をくばり、子ども自身が食事に参加する際の基礎となるような配慮が求められます。子どもが意欲的に食べることができるように楽しい食事の時間をつくりあげたいものです。

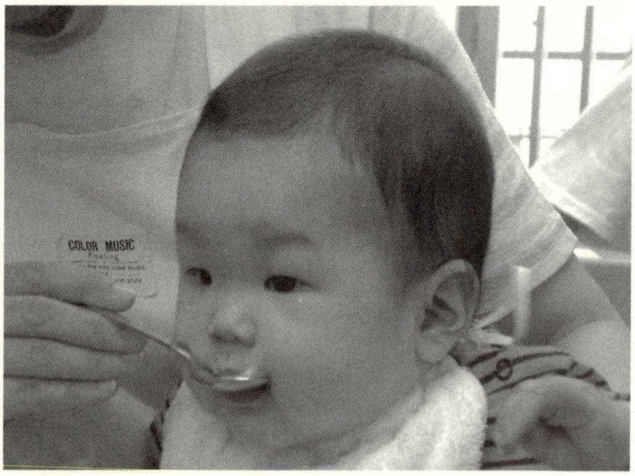

▲野菜スープをすすり飲む

乳汁期から離乳完了移行期までの食事計画(例)

		乳汁期	準備期	離乳期			
				初期の頃	中期の頃	後期の頃	完了移行期の頃
		2〜3カ月頃	4カ月頃	5〜6カ月頃	7〜8カ月頃	9〜11カ月頃	12〜18カ月頃
家庭での食事	午前 6:00	母乳またはミルク（140〜160ml）	母乳またはミルク（180〜200ml）	母乳またはミルク（180〜200ml）	母乳またはミルク（180〜200ml）	ミルク（180〜200ml）	朝食
	7:00						
保育園での食事	8:00						
	9:00						
	10:00	母乳またはミルク（140〜160ml）	野菜スープ＋母乳またはミルク（180〜200ml）	離乳食＋母乳またはミルク（140〜180ml）	離乳食＋ミルク（100〜150ml）	離乳食＋ミルク（50〜100ml）	
	11:00						午前食
	12:00		（果汁）	（果汁）			
	午後 1:00	母乳またはミルク（140〜160ml）					
	2:00		母乳またはミルク（180〜200ml）	母乳またはミルク（180〜200ml）	離乳食＋ミルク（100〜150ml）	離乳食＋ミルク（50〜100ml）	
	3:00						午後食
	4:00	母乳またはミルク（140〜160ml）					
	5:00						
家庭での食事	6:00						
	7:00	母乳またはミルク（140〜160ml）	母乳またはミルク（180〜200ml）	母乳またはミルク（180〜200ml）	母乳またはミルク（180〜200ml）	離乳食＋ミルク（50〜100ml）	
	8:00						夕食
	9:00						
	10:00	母乳またはミルク（140〜160ml）				ミルク（180〜200ml）	
	11:00		母乳またはミルク（180〜200ml）	母乳またはミルク（180〜200ml）	母乳またはミルク（180〜200ml）		
保育所の配分比率(%)		50	40	40〜	45〜	45〜	50〜
1日の離乳食からの栄養比率目安(%)				10〜	30〜	50〜	70〜
1食として与える盛りつけ目安量(g)（汁の水分を除く）				50〜80	80〜150	150〜200	200〜
備考		一人ひとりの授乳時間のリズムを特に配慮する。	野菜スープはスプーンで与える。果汁はスプーンでも、哺乳ビンでもよい。	**離乳食開始1日1回食** 食欲のある子は6カ月後半より2回食へ	**1日2回食** 午後食を夕食の時間に入れてもよい。	**1日3回食** 午後10時頃のミルクは、飲まなくても朝まで熟睡できるようになったら除く。	**1日4回食** 午後食は午前食より軽くする。

●産休明けより受け入れ、保育時間を午前7時30分から午後6時30分までとして考えた。
●受け入れ時点で個人差が大きいため、離乳完了期の目安は18カ月頃までとする。
●冷凍母乳持参の場合は、保育所でも母乳を飲ませる。
●水分補給（白湯・麦茶）は、時間ではなく、季節や個人にあわせて十分与えるようにする。
●保育所で果汁を与える場合は、12時前後に入れる。中期食から午後食の中にくだものを添えるようにする。
●食事を与える時間は一斉でなく、午前・午後食とも開始から終了まで全体で1時間半位をとり、個人の生活日課にあわせて担当保育者が与えるようにする。

田原喜久江、柳澤芳子、米山千恵『おいしい保育所の食事づくり－栄養士・調理員・保育士・看護師の連携で－』2002年、明治図書より

離乳準備期の食事のすすめ方

時期：３～４カ月　調理法：煮る

調理形態：液体（野菜スープ）

食べ方、食べさせ方のポイント：

◎１対１で抱かれて飲む

◎立て抱きにする（横抱きにすると吐乳しやすくなる）

◎スプーンになれる

・下唇にのせたまま口の中にはいれない　斜めに傾けない

・スプーンを横にして上唇にスプーンの縁が添うようにする

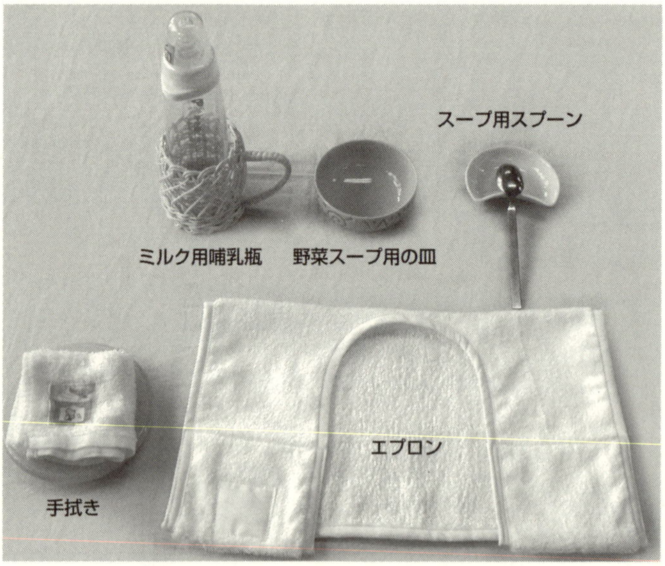

▲離乳準備期の食器セット

離乳前期の食事のすすめ方

時期：５～６カ月　歯：下２（門歯）　調理法：ゆでる 蒸す

調理形態：半流動食→すりつぶし食

・粒のないなめらかなもの（ポタージュ状　ドロドロ→ジャム状　ベタベタ）

食べ方：

・口唇を閉じて舌を前後に動かしのみこむ

食べさせ方のポイント：

◎抱かれ食べる

・のみこみやすい角度の立て抱きにする

◎スプーンですすめる

・口を開くまで無理に入れない

・食べものをスプーンの先の方にこんもりとのせる

・一口量に気をつける　子どもの舌が出た時に床に平行に運ぶ

・下唇の上にスプーンをのせ、パクパクしながら口にとりこむ（入れる）のを待つ

・舌の中央へ食べものをのせたり、上顎になすったりしない

◎のみこめる軟らかさにスープでのばしながら与える

▲離乳前期の食器セット

魚・レバーを中心とした離乳前期献立の展開例

	献立名	材料1人分（g）		作り方
午前食	10倍かゆすりつぶし	米 水	8 80	＊10倍かゆすりつぶし 炊きあがった温かいかゆの水分の多い上部を茶こしに入れ、大きめのスプーンの背で押しつぶしながらこす。かき混ぜながら裏こすと粘りが出て食べにくくなるので注意する。
	白身魚のくず煮 すりつぶし	まこがれい かたくり粉 昆布だし汁	10 1	＊白身魚のくず煮すりつぶし （1）身がかぶるくらいの加熱した昆布だし汁の中に、骨、皮を取り除いた身を入れて煮る。切り身は加熱しすぎないように薄切りにして調理した方がやわらかく煮えておいしくできる。 （2）火が通ったら、水溶きかたくり粉を入れ、煮汁全体を薄くくずあんに仕上げる。 （3）身をすり鉢またはスプーンですりつぶし、薄くずあんを加えて濃度を調節する。
	野菜のすりつぶし 2種 かぼちゃ かぶ	かぼちゃ バター 野菜スープ かぶ 野菜スープ	10 1 10	＊野菜すりつぶし2種 ・野菜スープの実として、かぼちゃ、かぶの角切りを入れて煮、やわらかくなったら取り出し、温かいうちにすり鉢またはスプーンの背でつぶす。 かぼちゃはバターを入れる。
	実なし野菜スープ	野菜スープ	30	＊野菜スープ 昆布だし、たまねぎをベースに、2～3種類のすりつぶし用野菜を入れて煮る。 40分以上煮出すと野菜の味がよくでる
	ミルク	ミルク	170ml ～	
午後食	ミルク	ミルク	200ml	

栄養量

		エネルギー（kcal）	たんぱく質（g）	脂質（g）	カルシウム（mg）	鉄（mg）	塩分（g）
午前食	離乳食	57	2.8	1.1	10	0.1	0.0
	ミルク	114	3.0	5.9	84	1.4	0.1
小計		171	5.8	7.0	94	1.5	0.1
午後食	ミルク	134	3.5	7.0	99	1.6	0.1
合計		305	9.3	14.0	193	3.1	0.2

肉・豆腐を中心とした離乳前期献立の展開例

	献立名	材料１人分（g）		作り方
午前食	10倍かゆすりつぶし	米	8	＊10倍かゆすりつぶし
		水	80	
	豆腐のくず煮すりつぶし	豆腐・絹ごし	10	＊豆腐（絹）のくず煮
		かたくり粉	1	・野菜スープの一部を別鍋にとり、豆腐を入れて加熱し、水溶きかたくり粉でとろみをつける。豆腐をスプーンの背ですりつぶし、とろみのある煮汁で食べやすいように調整する。
		野菜スープ		
	じゃがいものすりつぶし	じゃがいも	10	＊じゃがいも・にんじんのすりつぶし
		野菜スープ		・野菜スープの中で煮たじゃがいもとにんじんをやわらかくなったものから取り出し、すり鉢またはスプーンを使ってすりつぶす。野菜スープを少量加え、やわらかさを加減する。
	にんじんのすりつぶし	にんじん	10	
		野菜スープ		
	実なし野菜スープ	野菜スープ	30	＊実なし野菜スープ
	ミルク	ミルク	170ml	
午後食	ミルク	ミルク	200ml	

栄養量

		エネルギー (kcal)	たんぱく質 (g)	脂質 (g)	カルシウム (mg)	鉄 (mg)	塩分 (g)
午前食	離乳食	48	1.3	0.4	14	0.3	0.0
	ミルク	114	3.0	5.9	84	1.4	0.1
小計		162	4.3	6.3	98	1.7	0.1
午後食	ミルク	134	3.5	7.0	99	1.6	0.1
合計		296	7.8	13.3	197	3.3	0.2

田原喜久江、柳澤芳子、米山千恵『おいしい保育所の食事づくり－栄養士・調理員・保育士・看護師の連携で－』2002年、明治図書より

食事の流れ、ポイント

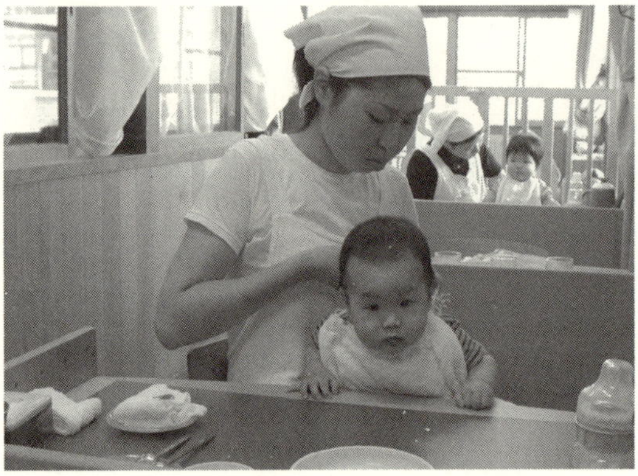

いつも決まった席につく。

※首がすわっている段階なので、子どもが前後の姿勢に無理のないように抱く。大人の左手は子どもの腰にそえ、子どもの両手は常に自由になるように。おとなは長時間すわっていても安定していられる姿勢に。

口のまわりを拭く。

※口のまわりを拭くことで、清潔を保ち、唾液の分泌を促す。

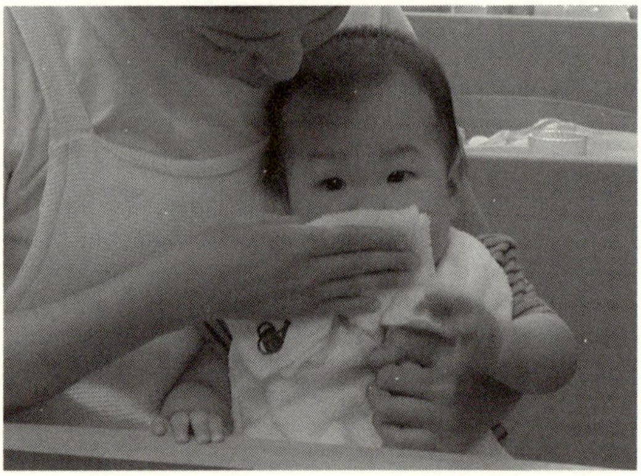

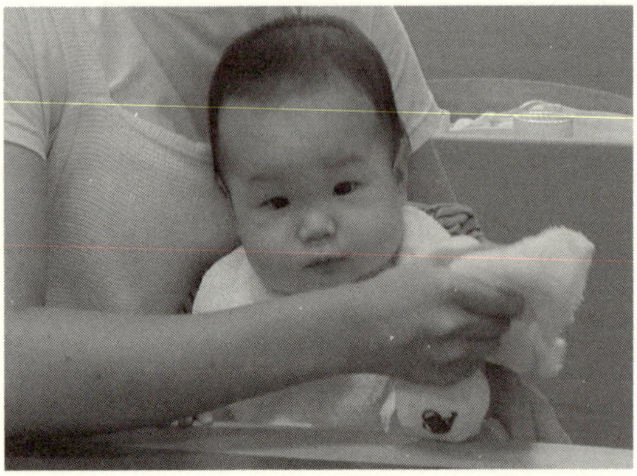

左右の手を拭く。手をいつもにぎっているので指をひろげて指の間も拭く。

※後々の食事前に手を洗う習慣に結びつく。また、拭く手の順番も園のなかで左からか右からかを統一しておく。この場合、子どもを支えている側から拭いている。

スープ用スプーンでスープをすすり飲む。

※咀嚼しやすいようにスープから飲む。
※スプーンは下唇にのせたまま口の中には入れず、斜めに傾けたりしない。スプーンは横にして上唇にスプーンの縁が添うようにする。

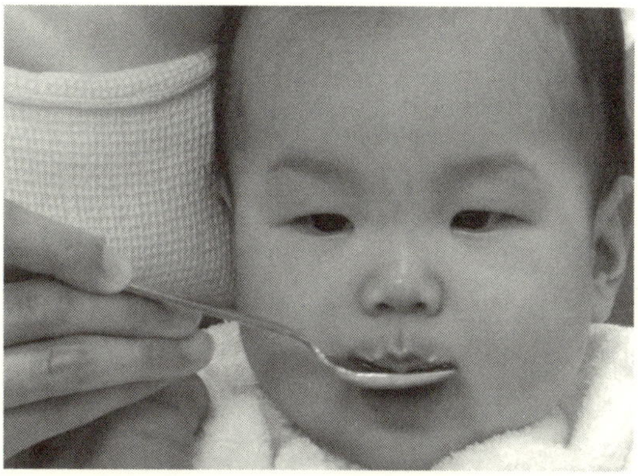

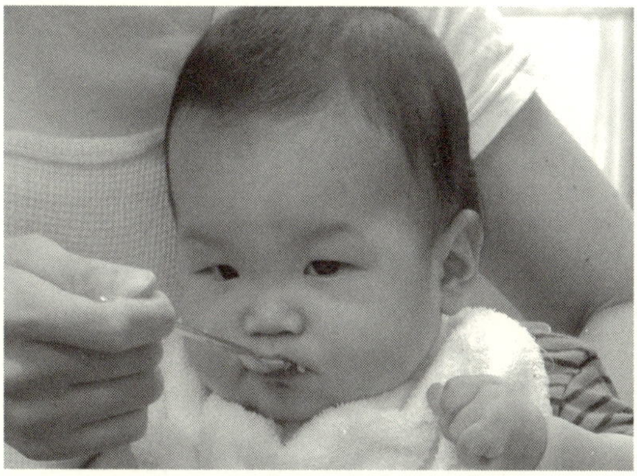

食べ物用スプーンで食べ物をあたえる。

※一口量に気をつけて、スプーンの先に食べ物をこんもりとのせる。子どもが口を開けてパクパクととりこむのを待って、無理に入れない。子どもの舌が出たときに床に平行な角度で運ぶ。舌の中央へ食べ物をのせたり、上顎になすったりしない。

常に子どもの咀嚼状況を確認しながら、ゆったりと食事をすすめる。

※唾液の分泌がまだ弱いため、合間にスープを飲んで咀嚼しやすいようにゆったりと食事をすすめる。
※食べ物を与える時も、飲み込みやすい軟らかさにスープでのばしながら。

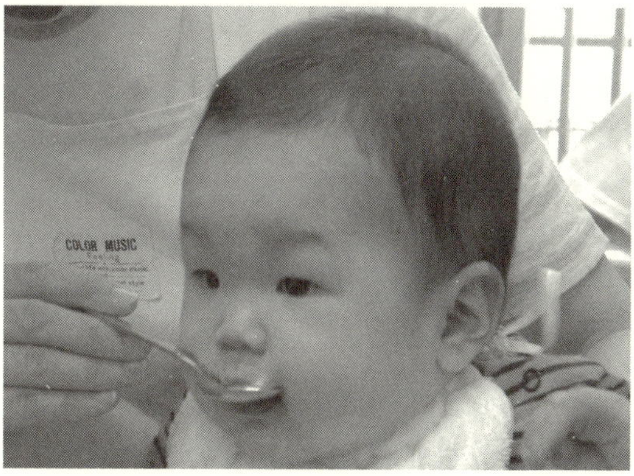

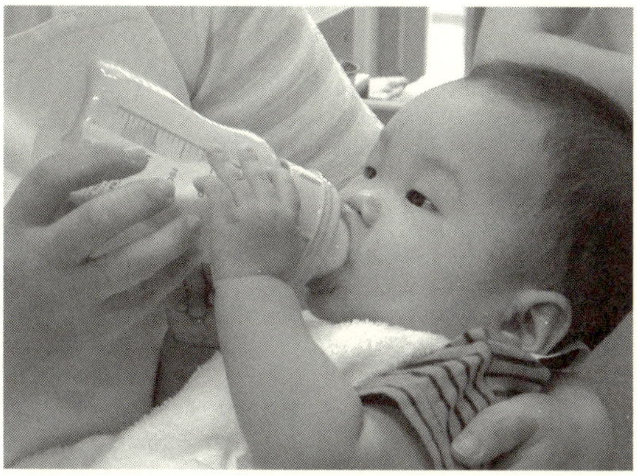

たて抱きにして授乳。

※両手を自由にしてあげることによって哺乳瓶に手をそえるようになる。
※後々にコップを持つ際、手を開いて持てることにつながる。

着脱・排泄

基本的な交換の手順は０～３カ月の頃と変化はありません。しかし、子どもの発達がすすんで、首がすわって足腰やお腹の力がついてくると、おむつカバーをはずした時に自分から足をあげてくれるようになります。これまではおむつの交換後にはおとなが抱き上げていましたが、この頃には握力も同様に発達してきていますので、子どもが自分の力で起き上がるのを大人が援助する形をとるようにします。まず大人の親指を見せて「私の親指を握ってね」と言って左右の親指を掴ませ、子どもが握ってきたらおとなは軽く子どもの手首を固定してあげます。その子どもの握力や腹筋の力をみながら、引き起こすタイミングを計り、起き上がってくるコツを子どもが体得できるようにします。

親指を握らせて、子どもの手首を握ってゆっくり引き起こす。

※子どもがしっかり握り、腹筋に力を入れて自分で起きあがれるように。

月齢が上がるにつれて、おとなの動きにも活発に反応するようになり、育児への参加なども見られます。足を上げてくれたときには、「上手に足が上がったね。おむつが換えやすいわ」などと語りかけるようにします。これまでのおとなの全面介助の時とは異なり子どもの成長と行動にあわせて子どもの育児参加、協力を促すような言葉がけへと変化していく必要があります。これまでの言葉がけを機械的にくりかえすのではなく、子どもとの本当のコミュニケーションが求められるのです。

7～9ヵ月

自分でひろげる外界

体と心の発達、生活リズム、おとなの配慮

這い這いの前の準備段階

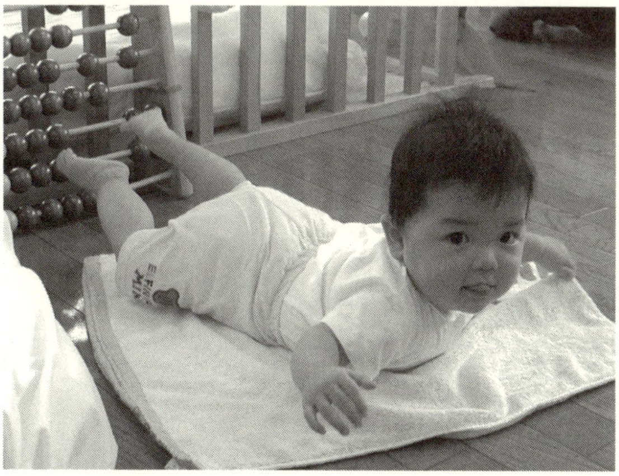

▲背中を反らせるグライダーポーズ

7カ月の頃には、寝返りは右へも左へも自在にできるようになり、うつぶせから仰向け、仰向けからうつぶせへと気が向くままに姿勢を変えられます。また、うつぶせのままの状態が苦しくなったときなど、お腹を中心にして両手・両足を床から離し、背中を反らせたグライダーポーズの姿勢をとることがよくあります。そして、視角の中に欲しいものが入ったときは、それを取ろうとして手を伸ばします。さらに、お腹を中心に爪先で蹴り、反対の手で体をねじっておなかを中心に左右に回転するピボットターンをすることもあります。そうして、だんだんとずり這いの段階に入っていきます。まだ背中は丸まった状態ですが、途中で動かなければ何分間か支えなしで座れるようになります。

ピボットターンを促すために

この頃の子どもの脚やつま先は、カエルのように開いた状態ですが、這い這いをするためには、脚を閉じて膝を前に向ける必要があります。そのためには、ピボットターンの際につま先で蹴るという行為をたくさんしていることが重要なのです。このピボットターンを促すためには、子どもが興味をもつものを、いつも手の届くところではなく、手を精一杯伸ばさないと届かないところ、少し蹴って移動しないと届かないところにわざと置くようにします。また、子どもに目で追わせながら、子どもの膝近くに持っていってあげると、体をグーッとひねって取ろうとするので非常に効果的です。特におとなしい子どもの場合、

▲膝元のおもちゃに気づき…

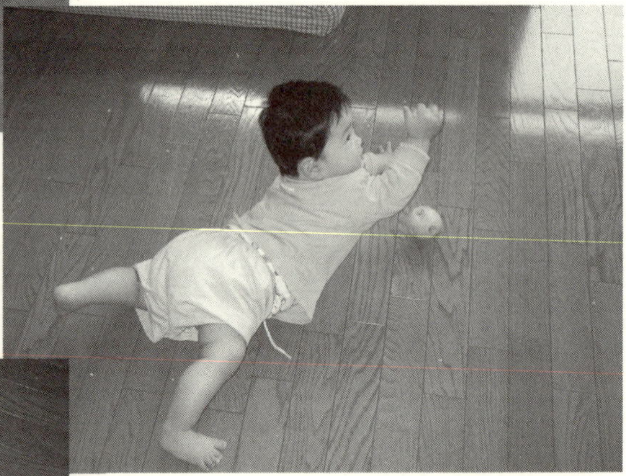

▲体をまわして…

▼つかむ！

その場にじっとして動かず、直立歩行の際に必要な筋肉や柔軟性などが体験できないまま育ってしまうことがあるので、おとなの積極的なはたらきかけが必要です。この時期の子どもは特に転がるもの、動くものにとても興味をもちますので、小さい鈴の入ったボールや水入りのペットボトルにビーズやおはじきを入れて動くようにしたものなどを使うとよいようです。

おとなの会話に興味をもつ

言葉の発達の面では、食事などで舌を上下に動かすことが出てきますので、これまで舌を前後に動かすだけだったときと比べ、いろいろな音が出せるようになります。「アババ…」「アブブ…」と言葉をくりかえすことでつなげて話したり、自分に注目を集めるために叫んだりします。自分の名前を呼ばれると反応するようになり、また、おとなが言葉がけをしながら育児行為を積み重ねてきたことによって、だんだんとニュアンスを理解できるようになってきます。子どもに対して話しかけられたものでなくても、おとなの会話に興味を持っている様子が見られます。

おすわりからつかまり立ちへ

▲すわった状態でじっくりとあそぶ

9カ月の頃になると、安定したおすわりができるようになります。体のバランスがとれるようになるので、座った姿勢で物を取ったり、寝た姿勢から座ったりすることもできます。うつぶせの姿勢からお腹をつけたまま前に進むずり這いも始まります。この頃は、足よりも腕の力のほうが強く、動きも協同されているので、多くの場合、後ろに進んでしまいます。這い這いが上達して、下半身に筋肉がついてくると、目の前にある人や家具につかまりながら、立ち上がろうとします。足で体重を支えることはできますが、まだ平衡を保つことは出来ません。

▲仰向けからうつぶせへ…

▲うつぶせから四つ這いへ…

▲四つ這い姿勢から腕を突っ張って…

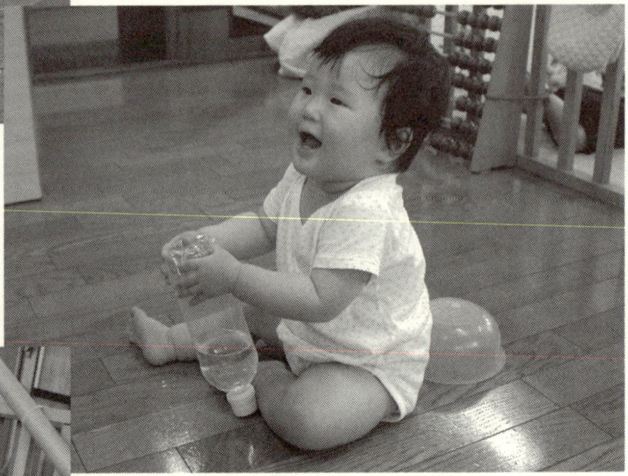

▲おすわりへ

▼低い台に手をかけてつかまり立ち

障害物のある場所で這い這いさせる

這い這いの練習をさせる場所としては、まずたくさんの移動運動ができるような広い空間をつくってあげる必要があります。また、普通の平面の床だけでなく、スロープを作ったり、ちょっとした障害物などを置くようにします。それを越えて自分の行きたい方向に行こうとするため、体のいろいろなところを使い、バランスがよくなるのです。

指先で小さなものがつまめる

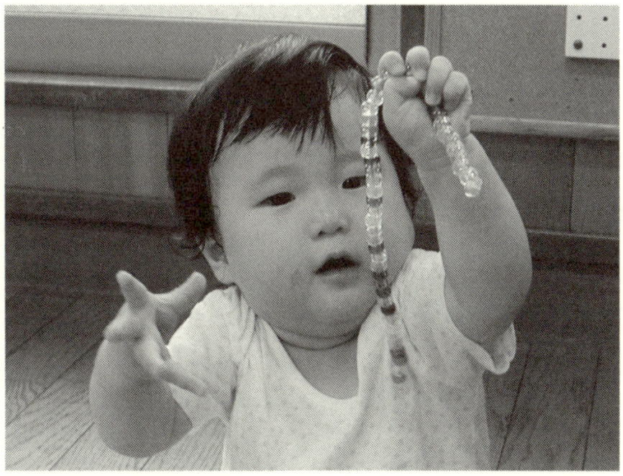
▲指を細かく動かせる

指先の細かい動きが発達し、小さなものでも親指と人差し指でつまむことができるようになります。また、指を目的に合わせて個別に動かすことが出来るようになるので、穴に指を突っ込んだり、指差しをしたり、バイバイしたり、手を打ち合わせたりもします。その他、壁にかけた引っ張る遊具のひもを引っ張って遊ぶこともできるようになります。布を指でつまんだり、掴む・放すの練習をしたり、堅さや感触の違うものをたくさん触らせてあげることが指先の運動になります。

言葉をためこんでいる時期

言葉の発達の面では、いくつかの言葉を理解して、表情やしぐさで反応するようになります。また、人の表情と言葉の調子から、ある程度相手の感情を察することができるようにもなっています。この頃には「マーマーマー」などの一つひとつの発音が「ママ、マンマ」という単語につながり始めます。感情の面でも分化がすすみ、人間らしくなる時期です。人見知りやあと追いも始まります。

睡眠については、7カ月頃はまだ午前、午後、夕方の3回寝ですが、9カ月頃には早い子どもは午前、午後の２回寝になります。だいたい同じ時間に寝起きができるようになって、園での生活リズムも安定してきます。運動量がこれまでより一気に増えてくるので、取り込める食事量も増え、この頃から２回食に変わってきます。

食事

離乳食の中期あたりにかかるこの時期では、これまで１日に１回だった食事が２回食に変わってきます。固形物も取りこめるようになってきていますし、塩味などダシの味だけであったものから醤油や味噌などの味が加わり、いろいろな味を楽しめるようになります。発達に応じて、運動量も一気に増えてくる頃で、食事の量も増えます。割合として食事量の半分ぐらいがミルク以外のものになります。固形物といっても調理段階で大きなものを少し形が残る程度に煮込み、スプーンの背で簡単につぶせるぐらいの軟らかさにします。子どもの舌と上顎で押しつぶしながらの食べ具合を、おとなが見ながら調節してあげます。

９カ月以降ぐらいになれば、目の前のものが食事であり、自分が食べるものということが分かってきていますので、欲しいものがあれば指さしたり、手をのばして自分で食べたりします。気持ちに食べる姿勢が見えるときには、スティックパンのような手に持って食べられるものを持たせてあげたり、手で持って食べられるようにパンを小さくちぎって持たせてあげるなどして、子どもの食べたいという意欲を大切にします。

このように食事に対する意欲も高まり、おとなが軽く支えてやれば自分の上半身の力で腰に体重をのせられますので、そろそろテーブルに向かわせてあげる時期になります。ただ、おとなは子どもの食事の経過をしっかりと見えるような角度にいる必要があります。

液体は、これまでのスプーンでのすすり飲みから、飲む量に応じてガラスのコップに変えていきます。なかには手を開いて自分で持って飲める子どももいますが、最初は子どもの指と手が開いて持てるように補助をしてあげます。まだ確実に飲めるようになっていないこの時期には、どのくらい傾ければ飲めるのかが外から見てわかるようにガラスのコップを使うのがよいでしょう。

前歯の食いちぎりを覚えはじめるので一口かじってまた次を食べてという食事のテンポも上がります。それまではおとながテンポを作ってあげていましたが、この頃から自分で何をどのくらい食べるというリズムをつくりはじめます。食事前後のお手拭きの際にも、この時期までのお手拭きの習慣も十分にわかっていますので、「手を拭くよ」と声をかけるだけで手拭きの上に手を出してくれるようになります。エプロンのつけはずしにも協力的に自分から動いてくれるようになります。このような動きが見えはじめるときには、自分からお手拭きの上に手を出してくれるまで少し待つ、食べたいものを指さしそうだなと感じたら様子をみるなどして、子どもの意思、意欲が高まるように心がけます。子ども自身が参加しはじめ、食事を楽しみ、食べているんだという気持ちになってもらうような配慮が求められます。

離乳中期の食事のすすめ方

時期：７～８カ月　歯：上２下２（門歯）　調理法：和える、炒め煮

調理形態：押しつぶし食→粘稠軟固形食

・舌で押しつぶせる程度の軟らかさ、大きさ、粘稠性（とろみ）

・スプーンの背で簡単につぶれる硬さ（みじん切り調理しない）

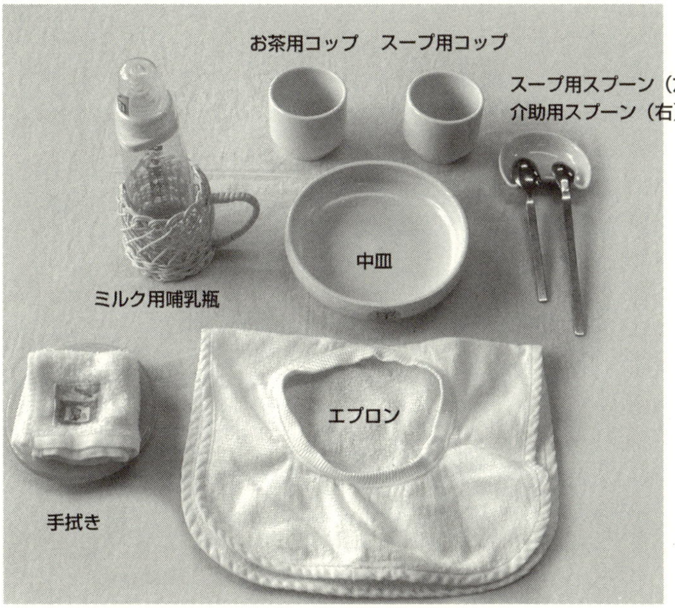

▲離乳中期の食器セット

食べ方：

口唇で食べものを取りこみ、舌、あごの上下運動でモグモグ押しつぶして飲みこむ

食べさせ方のポイント：

・下唇の上にスプーンをのせ上唇で取りこませる

・押しつぶして飲みこむリズムをつくる。一口量、つぶし方、大きさ、とろみの濃度など子どもの舌の動きをみながら与える

・指を口に入れる時は、硬さ、大きさに問題あり

・コップ、茶碗に両手を添えるよう誘導しながら、すすりのみの練習を促す

魚・レバーを中心とした離乳中期の献立の展開例

	献立名	材料1人分(g)		作り方
午前食	7倍かゆ	米	15	＊7倍かゆ ・炊きあがったかゆをそのままか、スプーンの背で粗くつぶす。
		水	105	
	白身魚の煮魚 ほぐし野菜あんかけ	まこがれい	15	＊煮魚ほぐし野菜あんかけ (1)皮と骨を取り除いた白身魚を一人分ずつ薄切りにして昆布だしで煮る。 (2)たまねぎ、にんじんを1cm位長さの千切りにする。油で炒め、だし汁に加えて炒め煮する。 (3)魚の煮汁と水分が足りない場合は、スープを足して火を通し、ゆでブロッコリーの花の部分(きざみ)を加え、最後に水溶きかたくり粉でとろみをつける。 (4)ほぐした魚に添えてもりつける。魚にかける野菜あんは保育者が与える時間に調節する。
		昆布だし汁	10	
		たまねぎ	3	
		にんじん	2	
		ブロッコリー	1	
		油	0.5	
		かたくり粉	少量	
		しょうゆ		
	かぼちゃのやわらか煮	かぼちゃ	20	＊かぼちゃのやわらか煮 ・種、皮を取り除いたかぼちゃを1cm位の角切りにして、だし汁で煮る。甘味の強いかぼちゃの場合は調味料を入れなくてもよい。煮汁はかぼちゃがかぶる位の多めに仕上げる。与える時に、粗つぶしまたは、1口大にする。
		だし汁		
		砂糖	少量	
		しょうゆ	少量	
	みそ汁	みそ	2	＊みそ汁 ・だし汁にみそを入れて溶き、火にかける。1口大に切った豆腐を入れ、煮立ったら火を止める。
		豆腐・絹ごし	5	
		だし汁	50	
	ミルク	ミルク	130ml ～	

午後食	やわらか煮込みうどん	乾麺 大根 にんじん ほうれん草 かたくり粉 だし汁 しょうゆ	15 10 5 2 1 50 少量	*やわらか煮込みうどん (1)乾麺は3.5～4倍のやわらかさにゆで、0.5～1cm位長さに切る。 (2)大根、にんじんは1cm長さの千切りにする。 (3)ほうれん草はやわらかくゆでた葉先を使い、粗みじん切りにする。 (4)(2)をやわらかくなるまで煮る。しょうゆで調味し(1)のゆで麺を入れて煮込む。ほうれん草を加え、水溶きかたくり粉で薄くとろみをつける。食べやすいようにスープを少なめに、野菜と麺が同じ様なやわらかさに仕上がるようにつくる(残った煮込みうどんのスープを別に用意するとよい)。
	鶏レバーのトマト煮 粗つぶし	鶏レバー たまねぎ 油 ケチャップ かたくり粉 だし汁	 15 10 1.3 4.5 0.4	*鶏レバーのトマト煮 (1)生の鶏レバーを下ゆでする。薄皮を取り除き、1cm角、5mm厚さ位に切り、水に浸してくさみを取る。 (2)たまねぎは1cm長さの薄切り。 (3)たまねぎを油で炒め、だし汁(野菜スープでよい)を入れて煮る。やわらかくなったら薄切りにしたレバー、ケチャップを入れて煮込む。水分をときどき調節しながら煮汁が残っている状態で水溶きかたくり粉でとろみをつける(このトマト煮をすりつぶして、ゆで野菜、煮野菜、煮豆腐などの上にかけるソースとして利用してもよい)。
	おろしりんご	りんご	20	*おろしりんご ・すり下ろし器でおろす。
	ミルク	ミルク	130ml ～	

栄養量

		エネルギー (kcal)	たんぱく質 (g)	脂質 (g)	カルシウム (mg)	鉄 (mg)	塩分 (g)
午前食	離乳食	107	5.0	1.8	23	0.4	0.2
	ミルク	87	2.3	4.5	64	1.1	0.1
小計		194	7.3	6.3	87	1.5	0.3
午後食	離乳食	113	4.6	2.1	14	1.6	0.7
	ミルク	87	2.3	4.5	64	1.1	0.1
小計		199	6.9	6.6	78	2.7	0.8
合計		393	14.2	12.9	165	4.2	1.1

豆腐・肉を中心とした離乳中期の献立の展開例

	献立名	材料１人分（g）		作り方
午前食	７倍かゆ	米 水	15 105	＊７倍がゆ
	いり豆腐の薄くずあんからめ	豆腐・絹ごし たまねぎ にんじん 油 砂糖 かたくり粉 しょうゆ	40 10 5 1 0.3 1 少量	＊いり豆腐の薄くずあんからめ （１）たまねぎ、にんじんはやわらかく煮たものを使う。1cm長さの細い千切りに切る。 （２）油で豆腐を炒め、（１）の野菜を加えだし汁を加えて調味する。最後に水溶きかたくり粉でとろみをつけまとめる（後期食のあずまボールの材料をそのままゆでたものにくずあんをからめてもよい）。
	さつまいものやわらか煮粗つぶし	さつまいも だし汁 しょうゆ	15 少量	＊さつまいものやわらか煮粗つぶし ・さつまいもは皮をむき水に浸しアクをよくとる。しょうゆ少々を入れた多めのだし汁で煮る。つぶし方を加減したり形のあるものを与えるために煮汁をたっぷり含ませたものにする。
	ほうれん草と麩のすまし汁	ほうれん草 麩 だし汁 しょうゆ 塩	5 1 60 少量 少量	＊ほうれん草と麩のすまし汁 （１）麩は水にひたし、軽く絞る。 （２）ほうれん草はやわらかくゆでた葉先をみじん切りにする。 （３）だし汁を塩、しょうゆで調味し、（１）と（２）を入れる。麩を与える時はスプーンで食べやすい大きさに切り分ける。
	ミルク	ミルク	130ml	
午後食	パンがゆ	食パン 野菜スープ	15 60	＊パンがゆ ・食パンの耳を取り、軽くトーストする。１ｃｍ角位に切り、熱いスープの中に入れるか、さっと煮る。または与える前に上から熱いスープをかける。
	ささみ団子入り野菜のクリームスープ	鶏肉の・ささみ たまねぎ かたくり粉 たまねぎ にんじん キャベツ 小麦粉 バター 油 野菜スープ ミルク ブロッコリー 塩	10 3 1.3 10 5 5 1 1 0.5 30 30 5 少量	＊ささみ団子入り野菜のクリームスープ ・野菜のクリームスープ 後期、完了移行期食用の牛乳を入れる前のスープを取り分け、ベビークッカー、すり鉢等ですりつぶす。火を通し、ミルク、ルウ（バターで小麦粉を炒めたもの）を入れ、弱火で加熱してとろみをつける。 軟らかくゆでたブロッコリーの花の部分をきざみ青みにする。 ・ささみ団子……ささみをミンチにして、すり下ろしのたまねぎ、かたくり粉を入れよく混ぜ合わせる。２本のスプーンを使う位の軟らかさにして（水分を加える）団子状の形を作り熱湯に入れてゆでる。盛りつけた時にポタージュの中に入れる。
	みかんきざみ	温州みかん	20	＊みかん　・みかんは袋より出し軽くきざむ。
	ミルク	ミルク	130ml ～	

栄養量

		エネルギー (kcal)	たんぱく質 (g)	脂質 (g)	カルシウム (mg)	鉄 (mg)	塩分 (g)
午前食	離乳食	118	3.9	2.5	49	0.8	0.1
	ミルク	87	2.3	4.5	64	1.1	0.1
小計		205	6.2	7.0	113	1.9	0.2
午後食	離乳食	109	5.1	3.0	32	0.6	0.2
	ミルク	87	2.3	4.5	64	1.1	0.1
小計		196	7.4	7.5	96	1.7	0.3
合計		401	13.6	14.5	209	3.6	0.5

田原喜久江、柳澤芳子、米山千恵『おいしい保育所の食事づくり－栄養士・調理員・保育士・看護師の連携で－』2002年、明治図書より

食事の流れ、ポイント

子どもの腰が安定するようにすわる。

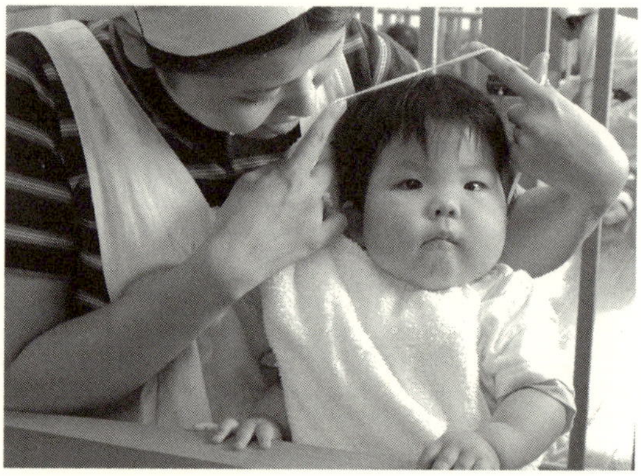

エプロンをつける。

口を拭いて、手を拭く。

※「手をふくよ」と言葉がけして子どもがタオルの上に手を置くのを少し待つようにする。

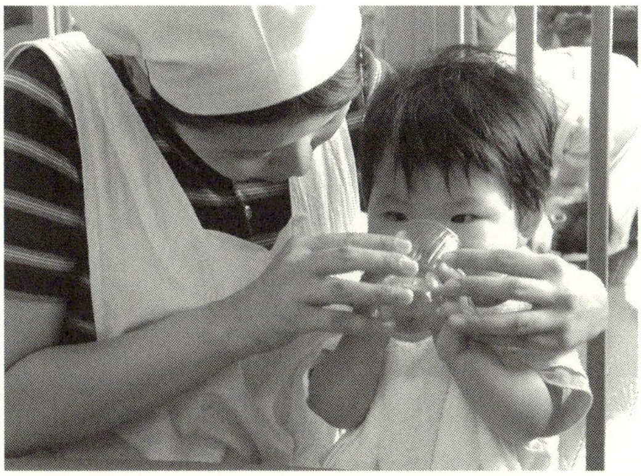

スープを飲む。

※コップに両手を添えるように、五指が開くように誘導しながら、すすりのみの練習を促す。
※飲み始めは量と傾きが確認できるのでガラスコップを使用。

スプーンの先に一口量をのせて与える。

※舌の中央に食べ物をのせたり、上顎になすったりしない。子どもの舌の動きをよく見て、口の中がなくなってから与える。

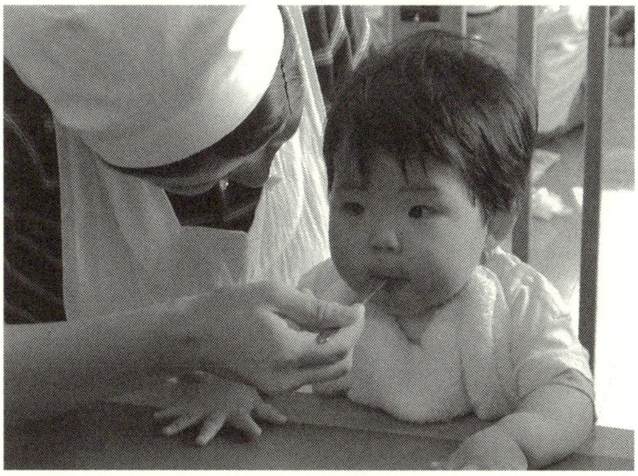

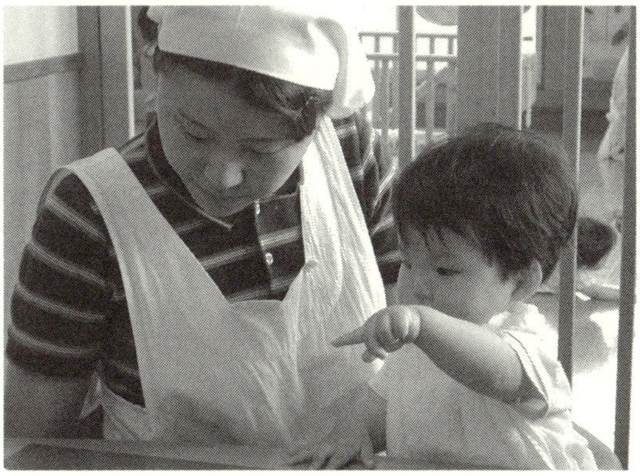

指さし要求がみられる。

手づかみ食。

※子どもの手のひらで握れる大きさのパンなどを小皿にのせ、おとなが一口量にちぎる。

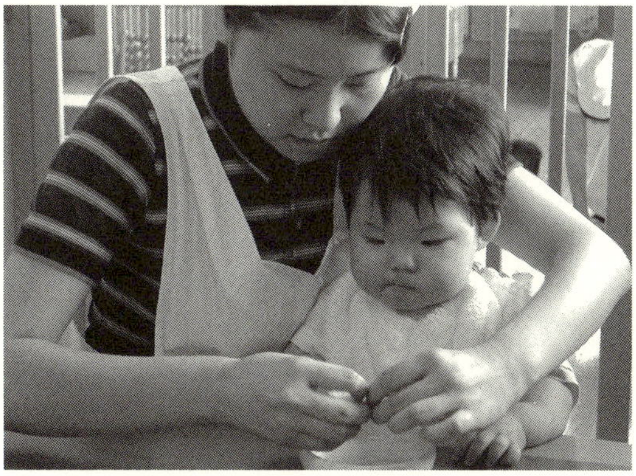

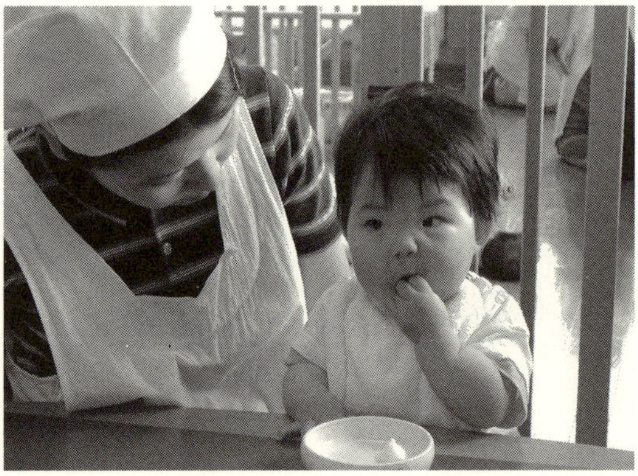

手のひらで握り、一口ずつ食べる。

※押し込まないようにする。

授乳（フォローアップミルク）。

※子どもと目が合うように抱く。

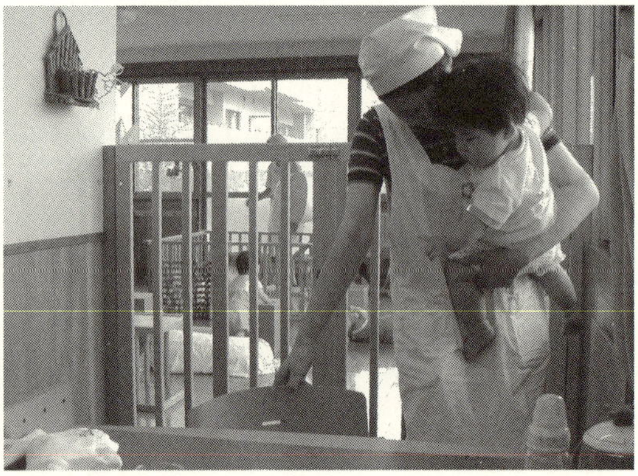

食事後、口と手を拭いて、席を離れる。

※「イスしまうね」と声をかけながら一緒にイスをしまうようにする。
※後々に食事後に自分でイスをしまえるようになる。

着脱・排泄

まだ自分自身でおしっこが出ているといった自覚はありません。しかし、それまで順調におむつの交換がすすんでいるようであれば、「おむつ交換に行くよ」と言うと手を出してくるようになります。抱き上げておむつ交換室に行くのですが、この頃は重くなっていて交換室までの距離感もわかってきていますので、安全のためにもおとなの抱きやすい形で連れていきます。ただ、子どもの体は逆方向になっていても、やはり顔はこれまで通り向かう先をむいているようにしましょう。

交換台に自分から寝られるかどうかはまだ個人差がありますが、ほとんどの子どもは自分で起き上がれるようになります。おとなの親指を握ってそれを支えにして起き上がりますが、なるべく自分の力だけで起きるようにしてあげます。つかまり立ちができていればただ拭いてあげるのではなく、立たせてお尻をシャワーしてやることもできます。食事とともにおむつ交換についても、子どもからの参加が見えはじめます。なるべく自分でもできるような余地を与えながら、一連の動きを行います。声をかけた後は、必ず少し待ってあげるようにします。

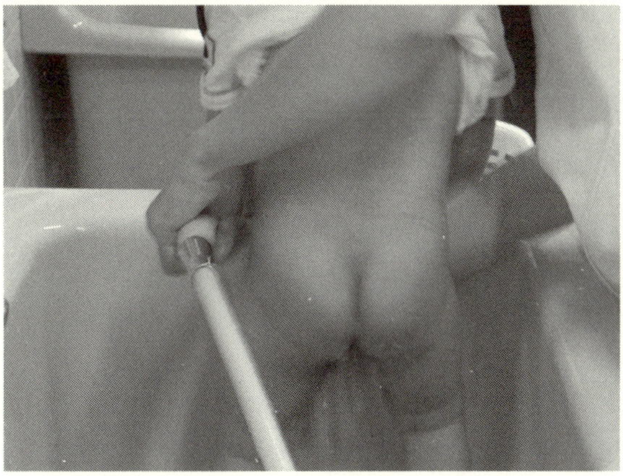

▲つかまり立ちができればシャワーを

子どもの動きがより活発になるこの時期は、おとなと子どもがどんなに人間関係ができていても必ず寝返りをうって、おむつ交換のじゃまをします。ガラガラやテレビをつけたりしてごまかす家庭もあるようですが、上手にあやしながら、「レロレロ」「バァー」「上手だね」と声をかけたりくすぐってみたりなどコミュニケーションをとるようにして、「きれいにしようよ」「ほら、あなたのおかげでできたよ」と共感しあうことを気長に行っていく必要があります。交換後のおとなのホッとした表情を見て、子どもは何かいいことができたのかなと認識してくれるようになります。結果的にこの積み重ねが、育児行為をされることが気持ちのいいことだという理解につながっていくのです。

着脱・排泄の流れ、ポイント

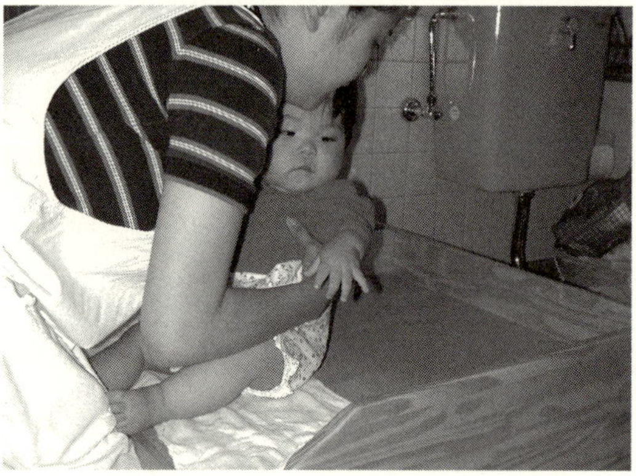

支えながら子どもの意思に合わせてゆっくりと寝かせる。

※床に設置されたおむつ交換台にあらかじめ準備をしてから子どもを連れてくる。

顔や手を拭いて、服を脱ぐ。

※肘を内側から抜くようにする。

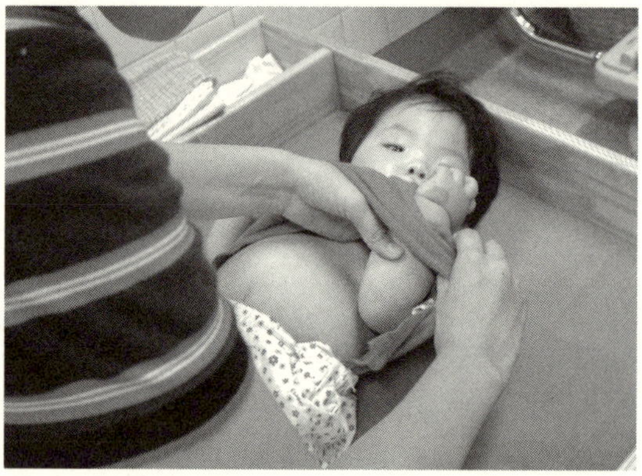

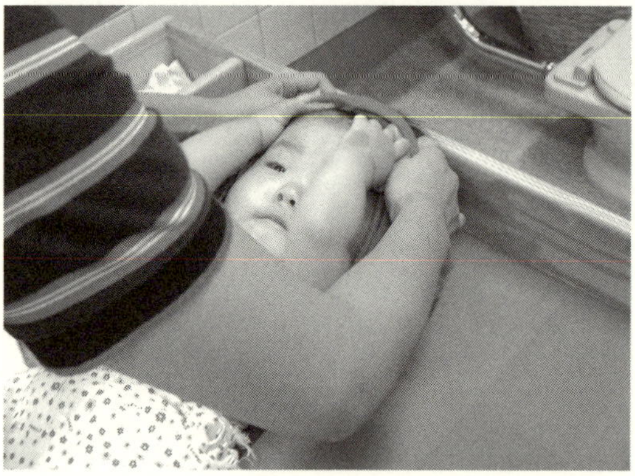

頭から脱がせる。

※言葉がけをすることで、頭を抜く行為に参加してくれる。この際、子ども自身がシャツをあげているように促す。

着替えの服を着せる。

※内側から肘をもって袖を通す。

※手をひっぱって袖に通したりしない。

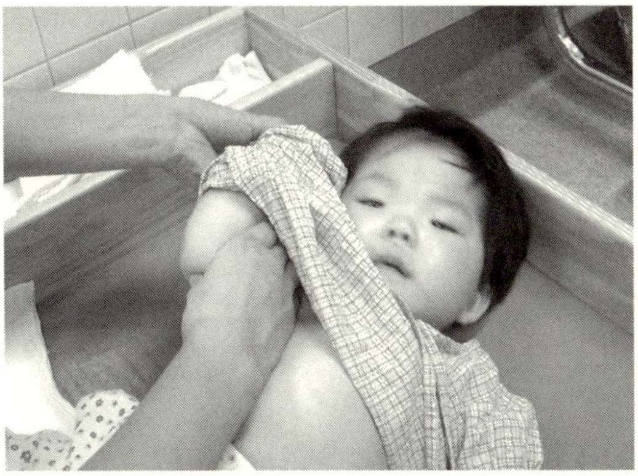

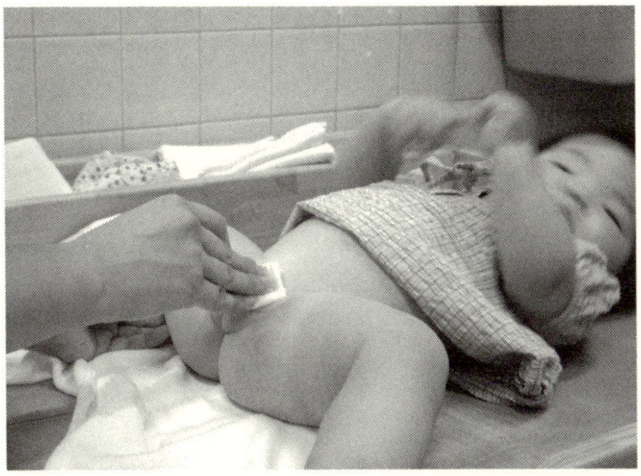

カット綿で拭く。

※女の子は前から後ろへ拭く。

※カット綿は常に清潔な面で拭く。

※大便の時は、ホットおむつ（布オムツをお湯でぬらしてしぼったもの）で便をあらかじめ拭きとる。

手を洗い、おしりを持ち上げておむつを交換する。

※カバーからおむつがはみ出していないかを確認する。

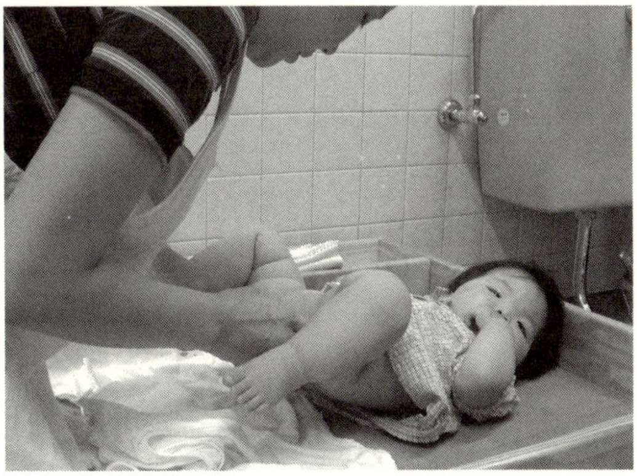

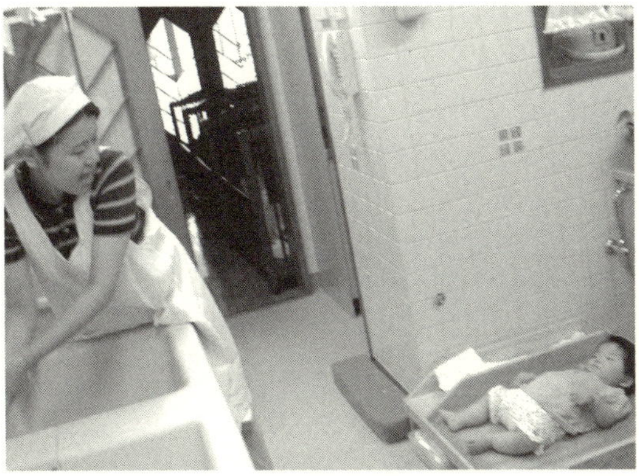

※手を洗いながらも、子どもの様子を見て言葉をかける。

起き上がる。

※おとなの親指をつかみ自分の腹筋で起きるように促しながら起こす。

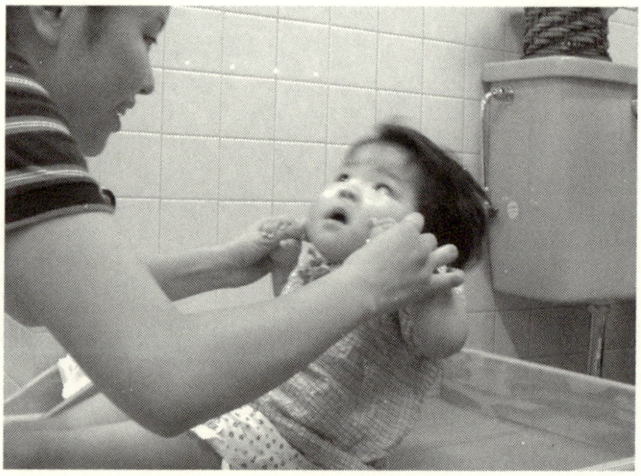

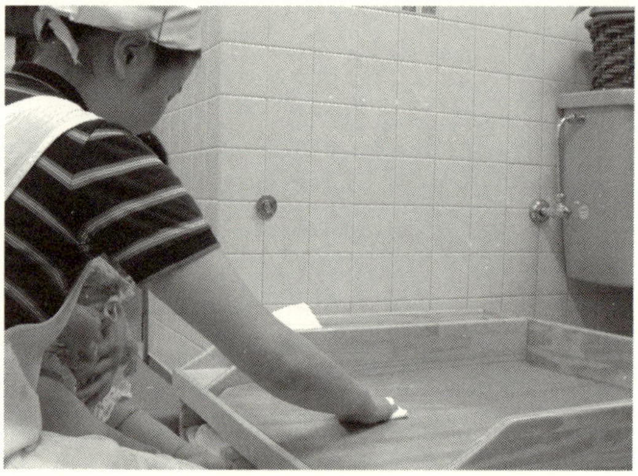

しっかりと抱き上げた後、交換台を、ピューラックスの薄め液を浸してしぼった台拭きで拭く。

10～12カ月

信頼するおとなとの共同

体と心の発達、生活リズム、おとなの配慮

歩き始める子どもが出てくる

つかまり立ちは、最初のうちはまだ本人は必死の状態で、疲れてくるとしりもちをついてドンと倒れたりします。また、つかまったものにガンと口をぶつけることもよくあります。立ちたいという意欲はあるけれども体がついていかない場合があるので、やりたいことをさせながら、一方で危険がな

▲つたい歩きで左右の動きの練習

▼押し箱でつま先に力をいれて前に向かう

いように見守る必要があります。つかまり立ちが安定してくると、家具につかまって立った姿勢から座ったり、家具につかまりながらつかまり歩きをするようになります。また、カタカタなどの手押し車、いすや箱など大きなものにつかまって前に押しながら歩くことができます。

指先の発達が完成に近づく

指先も一段と器用になり、意識的にものを放すことを学びます。また、ものを投げたり、置いたりする行為も見られます。入れ物のふたを開け閉めしたり、中からものを出し入れするようになるので、ティッシュの箱から中身を全部引き出すなど、器用になった手でびっくりするようなことをやってのける時期です。

▲チェーンリングを出したり入れたり

意味のある言葉が出始める

意味のある最初の言葉が出始める時期です。これらは人や物の名前もしくは勝手に作った名前などが多いようです。また、「アーアー」などと声を出すことによって、あるものや出来事にまわりの関心を引こうとしたり、何かを要求しようとしたり、援助が必要なことを伝えようとします。この頃には短期の記憶力も生まれ、目の前から消えたものでもしばらくは覚えていられるようになります。そのため、「いないいないばあ」をすると消えてしまったおとなが出てくるのを期待したり、目の前で隠したものを探し出そうとする行為などが見られます。

起きている時間が長くなる

睡眠については、これまでの２回寝の時間帯が少しずれて変則２回寝となります。つまり、これまでは朝来てすぐに９時くらいから寝ていた子どもが、起きている時間が長くなって10時半～11時くらいに寝だすようになるのです。ですから、夕方もこれまでより遅い時間に眠くなります。けれども、ここで寝たいだけ寝かせてしまうと夜寝なくなってしまうので、夕方の休息は少し短めに調整してあげる必要があります。この変則２回寝による午前睡は、長い子どもで２歳くらいまで必要だと言われています。

この頃になると、自分の寝る場所もちゃんとわかるようになります。隣の子のスペースに入ってトラブルを起こしたり、風邪などの病気を移したりしないために、１人用の午睡用ベッドを使っています。

子どもの意思と段取りを大切に

子どもが意思を持ちはじめることによって育児が変わります。待ってあげることができるかどうかがカギになります。子どもの反応や意思を確認せずに、おとなが育児行為を勝手に進めてしまうと子どもは言うことをきいてくれなくなります。例えば、食事中に子どもが手でつかんで食べようとしたとき、おとなが無理やりスプーンで食べさせようとすると、怒ったり泣いたりして食べなくなることがあります。ですから、何でも自分でやりたがるこの時期は、その子どもが主張していることをできるだけ叶えたうえで、こちらの意図する方向にもっていくことが大切です。あれもだめこれもだめと禁止ばかりしているとだんだんおとなに対して不信感をもつようになり、そういうことが積もり積もると言うことをきかなくなって収拾がつかなくなります。また、この時期は育児の中に秩序感がより一層求められるようになります。おとなの育児の手順が毎回違っていたり、やり方を間違ってやり直したりすると、子どもは見通しがきかず、とても不快な思いをすることになります。子どもが“いつも一緒”と思えるように、どの場所で、誰とどんなふうに、どんな手順でやることが決まっていることが大切です。

食事

離乳食の後期にあたります。奥歯が生えるか生えないかという時期で、奥歯がなければ歯茎だけで潰せるものを食事にします。肉じゃがなど、形はありますが、軟らかく歯茎でも咀嚼ができるようなものを食べます。これまでの舌の動きは前後、上下だけであったのが左右にも動きはじめるようになります。左右に動くことによって、食べ物を奥で噛むときに、頬の内側と舌で支えて食べるようになりますが、こんにゃく、竹輪、蒲鉾など噛みつぶして飲み込めないものもメニューにはいれないようにします。野菜、青物などはかみ砕くことができないため、喉にひっかかり、そのために青物嫌いになってしまう場合もあるので注意しなくてはいけません。しかし、神経質になりすぎて十分な食材の種類を食べられないことのないよう気をつけなくてはなりません。

▲積極的な手づかみ食

この時期には、子どもの食事に対する意欲も高まってきて、食べたいものが目の前にあると頻繁に自分の手を出そうとします。手で食べることに満足感をおぼえるようになり、さえぎったりすると怒って食べなくなったりします。子どもが食べたいものをどう食べさせていくかが大切で、これまでおとながもっていたスプーンをあくまで介助用のスプーンと位置づけ、子どもが手で食べることのできないものを食べさせる補助としての役割にとどめるようにします。

まだおとなに抱かれて食べることがほとんどですが、12カ月ごろには、イスに座って食べることのできる子どもも出てきます。イスに座って食べるかどうかの判断の目安としては、単純に身体が成長したからということではなく、15分くらい一つの場所に座り続けることができ、そして食べることに気持ちが向いているかどうかが大事です。たとえつかまり立ちができなくても、その子どもの食事に対する意欲が高く、集中力があるようであれば座って食べさせます。

これまでの食事の手順と差はありませんが、この時期は子どもの気持ちが食事に向かえるようになることがポイントで、おとなの対応としてその気持ちを育てることが大切になってきます。

離乳後期の食事のすすめ方

時期：９～11カ月　歯：上４下４（門歯）　調理法：焼く、揚げる

調理形態：

軟固形食、手づかみ食

・歯ぐきでつぶせる程度の軟らかさ、大きさ、形、とろみ少々

・形のあるものに少しずつ硬さを加えていく

・指で押しつぶせる硬さのやわらか煮

・メニューの中に手で持って食べるものを入れる　前歯でかみ切れる硬さ、大きさ、形

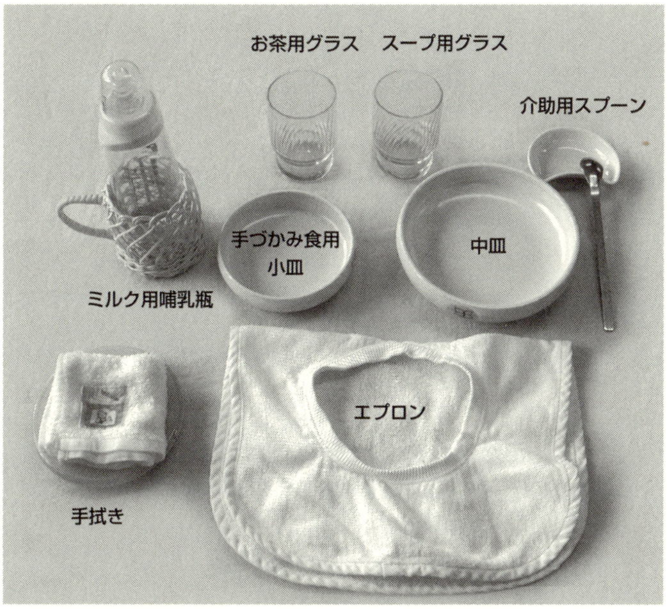

▲離乳後期の食器セット

食べ方：

・口唇を閉じて舌で食べものを左右に移動し、奥の歯ぐきでつぶして上下唇閉じて、口角をねじりながら食べる

・おとなの持ったパンや果物を前歯でかみ切って食べる

・形のある大きなものを掌で握り、一口ずつ食べる　押し込まないようにする

食べさせ方のポイント：

・やわらかく煮たものを1～1.5 cm角位に切り分けながら与える

子どもによっては角をつぶす

・小皿に子どもの掌で握れる大きさのゆで野菜、パン等をのせ、噛み切って食べるように助ける（おとなの持つスプーンに手を添えたり指さし要求がみられる）

・哺乳瓶からコップへ　指をのばし、掌で持って飲むように促す

魚・レバーを中心とした離乳後期の献立の展開例

	献立名	材料１人分（g）		作り方
午	５倍かゆ	米	20	＊５倍かゆ
前		水	100	・炊きあがったかゆはつぶさずそのまま盛りつける。
食	焼き魚粗ほぐし野菜あんかけ	まあじ	20	＊焼き魚粗ほぐし野菜あんかけ
・		塩	少量	（1）あじは姿焼きとする。下処理をし、軽く塩をして焼く。
		白菜	8	（2）野菜（白菜、たまねぎ、にんじん）は1.5 cm位長さの千切りとする。
		たまねぎ	4	ゆでブロッコリーは花の部分を粗切りにする。
		にんじん	6	（3）たまねぎ、にんじんを油で炒め、だし汁を加えて煮る。にんじんがやわらかめになったら白菜を入れ、さらに煮る。全体がやわらかくなったら調味し、水分を調節する。
		ブロッコリー	3	最後に、水溶きかたくり粉でとろみをつける。
		油	1.5	（4）焼き魚の１人分の身をそのまま盛りつけて野菜あんを添える。
		だし汁	60	魚のほぐし方は保育者が子どもの食べ方にあわせる。
		かたくり粉	1.5	
		砂糖	少量	
		しょうゆ	少量	
	かぼちゃのから揚げ	かぼちゃ	20	＊かぼちゃのから揚げ（手食べ）
		油（揚）	2	（1）皮、種を取り除く。0.5 c m～0.7 c m厚さのくし形に切る。 （2）から揚げにする。 ・手に持って食べる様に小皿に盛りすすめる（最初は一切れずつ小皿に入れる）。
	みそ汁	みそ	3	＊みそ汁

		豆腐・絹ごし	15	
		だし汁	80	
	ミルク	ミルク	80ml	
午後食	煮込みうどん	乾麺	20	＊煮込みうどん
		大根	15	（1）ゆでたうどんを1～1.5ｃｍ長さ位に切る。
		にんじん	7	（2）野菜は1～1.5ｃｍ位長さの千切りにする。
		ほうれん草	3	（3）作り方は中期食参照
		かたくり粉	1.5	
		だし汁	80	
		しょうゆ	少量	
	鶏レバーのトマト煮	鶏レバー	20	＊鶏レバーのトマト煮
		たまねぎ	15	・中期食参照
		油	2	
		ケチャップ	6	
		かたくり粉	15	
		だし汁		
	煮りんご	りんご	20	＊煮りんご……くし形（手食べ）
				・歯ぐきでつぶせる硬さ、手に持てる硬さを目安に電子レンジで加熱する。
	ミルク	ミルク	80ml ～	

栄養量

		エネルギー (kcal)	たんぱく質 (g)	脂質 (g)	カルシウム (mg)	鉄 (mg)	塩分 (g)
午前食	離乳食	174	7.0	5.9	43	0.7	0.6
	ミルク	54	1.4	2.8	40	0.7	0.0
小計		228	8.4	8.7	83	1.4	0.6
午後食	離乳食	148	6.2	3.0	19	2.3	0.8
	ミルク	54	1.4	2.8	40	0.7	0.0
小計		202	7.6	5.8	59	3.0	0.8
合計		430	16.0	14.5	142	4.4	1.4

豆腐・肉を中心とした離乳後期の献立の展開例

	献立名	材料１人分（g）		作り方
午	５倍かゆ	米	20	＊５倍かゆ
前		水	100	前述参照
食	あずまボールくずあ	豆腐・木綿	50	＊あずまボールくずあん添え（手食べ＋スプーン食べ）
	ん添え	たまねぎ	10	（１）木綿豆腐は水切りしておく。
		にんじん	5	（２）たまねぎ、にんじん、ピーマンはみじん切りに
		ピーマン	1.7	する。
		油	1	（３）（２）の野菜を油で炒める。だし汁を入れ、炒め
		だし汁		煮にして、やわらかくする。
		砂糖	0.3	（４）水切りした豆腐をよくほぐし、（３）の野菜、調
		みりん	0.3	味料、すりごま、たまご、かたくり粉を入れ、よく混
		かたくり粉	0.5	ぜ合わせる。
		卵	2.5	（５）１個10ｇぐらいの団子にして油で揚げる。
		すりごま炒	4	（６）だし汁を調味し、火にかけ、水溶きかたくり粉
		油（揚）	4	でとろみをつけてあんにする（くずあんは、別の容器
		だし汁	30	に入れて用意する。くずあんをかけないで手に持って
		砂糖	0.5	食べる子、あんをかける子など個人差が配慮できるよ
		かたくり粉	1	うにする）。
		しょうゆ	少量	
	さつまいもの甘煮	さつまいも	15	＊さつまいもの甘煮（手食べ）
		砂糖	0.5	（１）さつまいもは半月切りまたはスティック状に切
		しょうゆ	少量	る。よくアクをぬく。ひたひたのだし汁でやわらかめ
		だし汁		に煮て調味する。
	ほうれん草とわかめ、	ほうれん草	4	＊ほうれん草とわかめ、麩のすまし汁
	麩のすまし汁	生わかめ	4	ほうれん草、わかめを1.5cm位の長さの千切りにす
		麩	1	る。麩は水にひたし軽く絞る。
		だし汁	80	だし汁を火にかけて調味し実を入れる。
		しょうゆ	少量	
		塩	少量	
	ミルク	ミルク	80ml～	
午	蒸しパン	小麦粉	10	＊蒸しパン（手食べ）
後		ＢＰ		（１）小麦粉とベーキングパウダーを一緒にしてふる
食		砂糖	2	っておく（粉150ｇに対してBP５ｇ）
		卵	3	（２）牛乳を温め、砂糖を入れよくとかす。冷めたら
		牛乳	5	卵を入れ泡立て器で混ぜる。
				（３）この中に、小麦粉類を入れ、こねないように木
				じゃくしでさっくりと混ぜる。
				（４）アルミ箔ケースに入れて、蒸し器で蒸す。炊飯
				器を使って蒸してもよい。
	ささみ団子とミルク	鶏肉ささみ	15	＊ささみ団子と野菜のミルクスープ
	スープ	たまねぎ	5	・ささみ団子中期食参照

		かたくり粉	2	・野菜のミルクスープ
		たまねぎ	15	（1）野菜（たまねぎ、にんじん、キャベツ）は1cm角、厚さは0.5mm位に切る。歯茎で噛みやすい厚さが必要。
		にんじん	7	
		キャベツ	7	
		ブロッコリー	7	（2）油で野菜を炒めたら、ささみ団子のゆで汁、野菜スープ等を入れて煮る。
		牛乳	45	
		油	0.8	（3）野菜がやわらかくなったら、牛乳を入れて調味し、ゆでたブロッコリーの花を刻み青みとする。ささみ団子を入れる。
		野菜スープ	45	
		塩	少量	
	みかん	温州みかん	25	＊みかん
	ミルク	ミルク	80ml～	・袋から出し1口大に切る。または1房のまま手に持って食べさせる。

栄養量

		エネルギー (kcal)	たんぱく質 (g)	脂質 (g)	カルシウム (mg)	鉄 (mg)	塩分 (g)
午前食	離乳食	225	6.8	10.3	125	1.4	0.1
	ミルク	54	1.4	2.8	40	0.7	0.0
小計		279	8.2	13.1	165	2.1	0.1
午後食	離乳食	135	7.3	3.0	73	0.6	0.0
	ミルク	54	1.4	2.8	40	0.7	0.0
小計		189	8.7	5.8	113	1.3	0.0
合計		468	16.9	18.9	278	3.4	0.1

田原喜久江、柳澤芳子、米山千恵『おいしい保育所の食事づくり－栄養士・調理員・保育士・看護師の連携で－』2002年、明治図書より

食事の流れ、ポイント

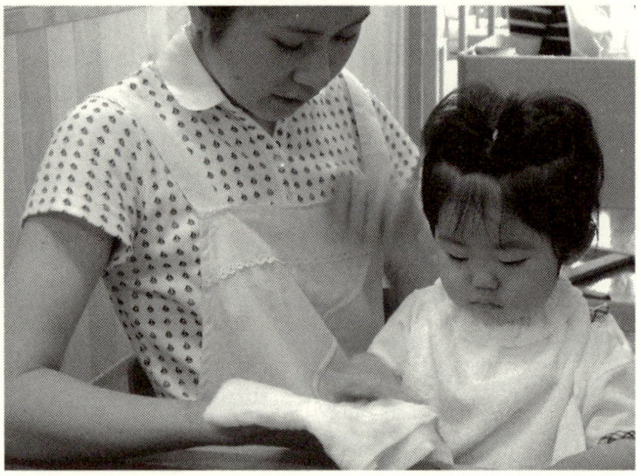

手を拭く。

※「手をふくよ」と言葉がけをすると、子どもがタオルの上に手を置いてくれる。

食べたいものに手をのばす。

※おとなの持つスプーンに手を添えたりもする。

手づかみ食（子どもの手のひらで握れる大きさのゆで野菜、パン）。

※自分で食いちぎり、一口量を知る。
※自分で食べるという欲求が満たされる。
※口に押し込まないように気をつける。

噛む真似を示す。

※おとなが噛む真似をして、子どももそれを真似るようになる。

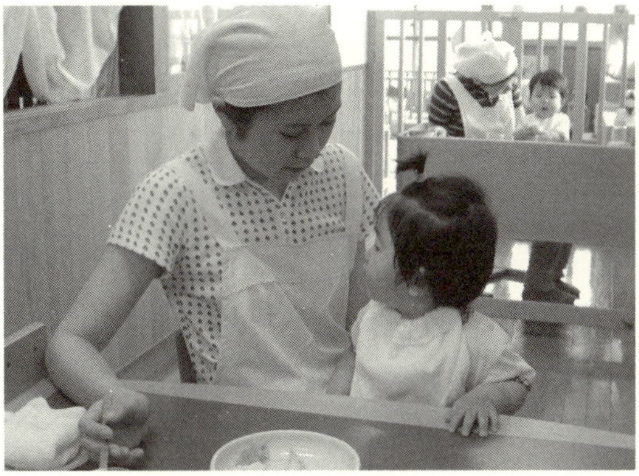

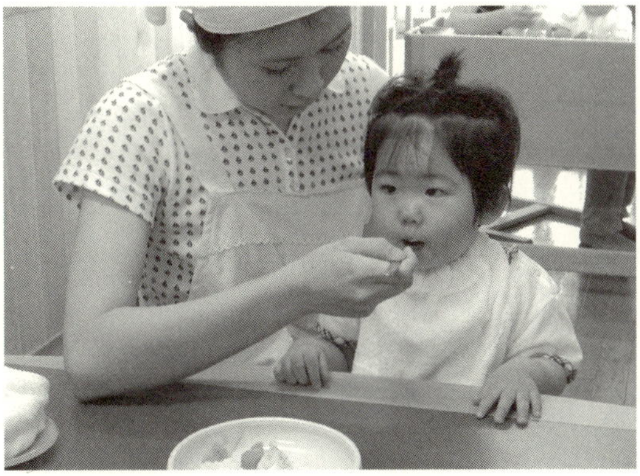

食事の介助。

※介助スプーンを床と並行に持ち、子どもの下唇にあてて取り込むのを待つ。

コップを両手に持って飲む。

※五指を開いて安定してコップを持つ。

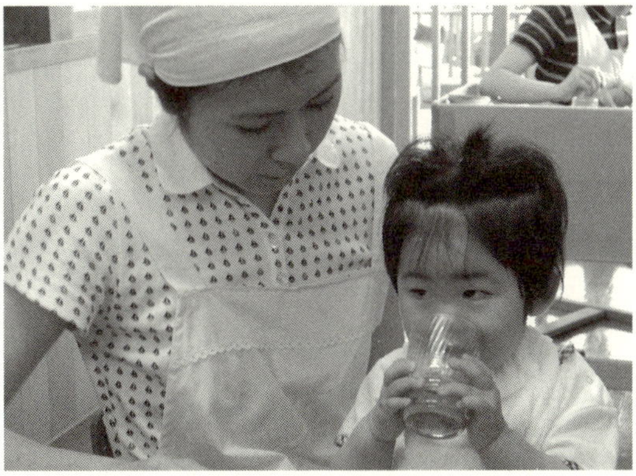

乳児期における衛生面の習慣化

子どもの衛生状態は、月齢をこえて常に清潔に保たれる必要があります。0歳のころからの積み重ねが幼児期以降の習慣となって残っていきます。あとになって身につけてもらうというわけにもいきません。

手を洗う　食事前、トイレの後、そして戸外遊びの後には手を洗うようにならなくてはなりません。0歳のおむつ交換前、授乳の前からおとながお手拭きで拭いてあげることをくりかえします。これが、おとなが手伝いながら蛇口をひねって洗う習慣につながり、最後には自分ですべてできるようになります。

顔を拭く　0歳のころから、寝起き・排泄の流れのなかで、必ず顔を拭くようにします。自分で拭くことができない時期はおとなが拭いてあげることになりますが、それをくりかえすことで、自分から顔を拭いていくようになります。寝起きの目覚めも促し、すっきりとする体験を毎日することで、衛生感覚が習慣化されるようになっていきます。

鼻をかむ　鼻をかめるほど発達がすすんでいない頃は、おとなが鼻水を拭きます。しかし、ある段階で自ら鼻をかんで清潔にしていく習慣をもたなければ、ずっと鼻をたらしたままになってしまいます。鼻をかむことは2歳ごろまでに習慣づけしたい行為の一つです。発達の個人差があるので、できる子どもとできない子どももいますが、子どもがおとなの模倣をはじめる1歳をすぎたあたりから、鼻をかむ行為を伝えていくようにします。まず、おとなが片方ずつの鼻腔をおさえて鼻をかむモデルを示したり、子どもの鼻腔をおさえて鼻をかむように促したりしていきます。

爪の手入れ・耳掃除　お風呂あがりに曜日を決めて週1回、爪の手入れと耳掃除をするように各家庭に働きかけます。

髪をとかす　午睡後の、排泄・おむつ交換から食事にいく流れの中でかならず髪をとかすようにします。この際、各自のクシを用意しておく必要があります。

13～15カ月

わたしを見ていて
ーアタッチメントの形成

体と心の発達、生活リズム、おとなの配慮

歩けることで世界が広がる

歩き始めの時期は個人差が大きく、8カ月から15カ月くらいの幅がありますが、遅い子でも15カ月にはだいたい一人歩きができるようになります。まだ歩き始めたばかりの子どもは、手が肩より上にあるハイガードポジションで、ロボットのように膝が曲がらず、

▲歩き始めのハイガードポジション

▼這い這いなら階段のぼりも得意

左右の足に体重を乗せながら前進します。家具の間で歩行の練習をはじめ、次第に完全な自立歩行が始まります。そして、歩行がある程度確かになってくると、立っている姿勢からしゃがんだり、しゃがんでいる姿勢から立ったり、自分のまわりをぐるぐる回ったり、何かをまたいだりする運動ができるようになります。階段を歩いて上がるのはまだ難しく、這い這いのほうが得意です。ひとりであっという間に上ります。

探索行動のための仕掛け

▲小窓の向こうに何かがある

この時期はたくさん動き回れるような空間づくりをするとともに、探索をしながらうろうろすることが多いので、ところどころに何かいじってあそべるようなものを置きます。たとえば、壁にちょっとしたドアノブ付きの扉があってそれを開け閉めするとか、こちら側を引っ張ったら反対側が上がってくるつるべ落とし形式のものとか、ホースがあってそこに細かいものを落としたらスーッと落ちていくものなど、何かはたらきかけをするとそれがどうなるかが試せるようなものがよいでしょう。

また、この頃は自分の足だけで長く歩くのは難しく、またつま先を使うという意味でも箱押しはとても有効です。ぶつからないように力加減をして隙間をぬっていったり、よじ登りや這い登りをくりかえしたりします。トンネルや大きなダンボールの箱があると、スポッと中に入り込んで自分だけの空間を楽しんだり、そこに入ったり出たりして遊びます。

▲安心をもとめて自分だけの空間にスッポリ

安全対策を十分にする

怪我が増える時期なので、安全を十分に確保する必要があります。子どもには上がりたいという欲求があるので上がってもいい場所を用意しますが、落ちたら危ないような高さのものは作らないようにします。おとな２人で遊びを見るときは、部屋をだいたい斜めに区切って空間を分けて見たり、それぞれのおとなのまわりに集まってきた子どもを見たり、あるいは遊びの種類で大きい遊びと小さい遊びに分けたりという形で見守ります。

ストレートな感情をぶつける

▲指をさして何かをおとなに言ってもらう

言葉の発達の面では１カ月に１～３の単語が継続的に増えるようになります。単語以外のものでもいくつか理解できるようになり、おとなからの簡単な要求も理解するようになります。これまではめくって遊ぶだけだった絵本ですが、この頃には絵やお話にも興味がわくようになり、絵本の中のものを指さしたりします。感情の動きは少しずつ複雑さを増して豊かになります。怒る、喜ぶ、反抗する、嫉妬する、すねるなどの人間らしい感情が発達して、それをストレートにおとなにもぶつけてきます。これはいろいろな感情表現によっておとなの関心をひこうとしているのであり、好きな人を独占したいという気持ちのあらわれでもあります。

噛みつきは空間で助ける

この時期は噛みつきやものの取り合い、ひっかきなどが多い年齢です。まだ注目の分配ができないので、おもちゃを持った子どもがいたとき、おもちゃか子どもかどちらかにしか注目できないのです。それでそのおもちゃを取ってしまうと、もともともっていた子と取り合いになって、噛みつきなどが起こってしまいます。このようなときの対応は、基本的に空間で助けます。つまり、「今は○○ちゃんが遊んでいるよ。あなたのはここにあるから、こちらで遊ぼうね」といって、子どもを引き離すのです。噛みつきというのは伝染します。一人の子どもが噛みつくと、噛みつかれた子どもがまだ別の誰かに噛みついたりするので、その都度空間を引き離す必要があります。ですから、１歳児クラスのこの時期は、同じ色の同じ道具をたくさん揃えておく必要があります。

育児のペースが子ども主導に

睡眠については変則２回寝（午前睡と夕方の休息）もしくは午睡だけの１回寝です。食事の内容については、離乳食後期からおとなとほぼ同じ材料や調味料を使う幼児移行食になりつつあります。また、ミルクについても、この間に断乳を終えて食事から100％栄養を取る形に変わります。この頃の食事の取り方としては、最初にお茶かスープを飲んでまず唾液を出やすくし、その後スプーンが使える子はスプーンを使い、使えない子は自分で手に持って食べ、食べにくいものや苦手なものをおとながスプーンで食べさせていくという形です。コップも自分で持ってこぼさずに飲めるようになります。食事の主導権がおとなから子どもに移りつつある時期だといえるでしょう。食事への参加と同時に、この頃から着脱への参加も見られるようになります。ズボンや靴下、ミトン手袋などをひとりで脱ごうとするほか、ズボンをはきやすいように用意してあげると足を入れて引き上げようとします。

▲子どものスプーンとおとなのスプーン

自分でやろうとするチャンスを逃さない

すべての育児に対して自分で参加しようという意欲が強くなります。自分ではまだ完全にできないけれど、何でも自分でやろうとする。また、次にやることもわかっているので先に自分でやろうとする。そういう時期です。それをおとなが先回りしてやってしまうと子どもは怒ります。ですから、「上手にできたね。じゃあ、私がもう少しうしろのほうをしてあげるね」というように、おとなは子どもの動きをみて、それに合わせてやってあげるとスムーズに進みます。逆に、この時期に子どもが自分でやるという機会を逃してしまうと、幼児の段階になっておとながしてあげないと自分では何もできない子どもになってしまいます。どこかに自分で参加しようとする兆しが見えたときは、その機会を逃さないようにすることが大事です。また、その子がちょっと努力をすればそれをクリアできるという、少し先の課題を設定してあげることでどんどん意欲が出てきます。

食事

離乳完了期にあたるこの時期では、授乳もなくなり、家庭での朝食、園での午前食と午後食、そして帰ってからの夕食と１日４回食になります。離乳完了期は、子どもの園受け入れのタイミングによって個人差もあることから18カ月ごろまで幅をもたせます。

歯もある程度生えてきて、食事のメニューとしては幼児食になりつつあり、大人とほぼ同じ材料と調味料で調理します。しかし顎の力や奥歯の生え具合などはまだ不十分なので、硬いものや、かみ砕けないこんにゃくや竹輪などはまだ難しい段階です。毎食後の歯磨き指導は一人の子どもにかかりっきりになってしまい、保育の流れが止まってしまうこともあるのでなかなかできません。そのため、食事のメニューに意識的に唾液がたくさんでるようなものをデザートにいれたりします。リンゴなどは咀嚼力もついて唾液がたくさん出ます。

意欲、食べ方にもかなり個人差が出始めるこの時期は、手づかみで食べる子どもからスプーンをつかえる子どもまでさまざまですが、ほとんどがイスにすわって自分で食事をすすめることができます。おとなは補助の役割に徹するようになり、主導権がおとなから子どもに移っていく時期といえます。基本はおとな一人に対して子ども一人で食べますが、スムーズにすすむよう

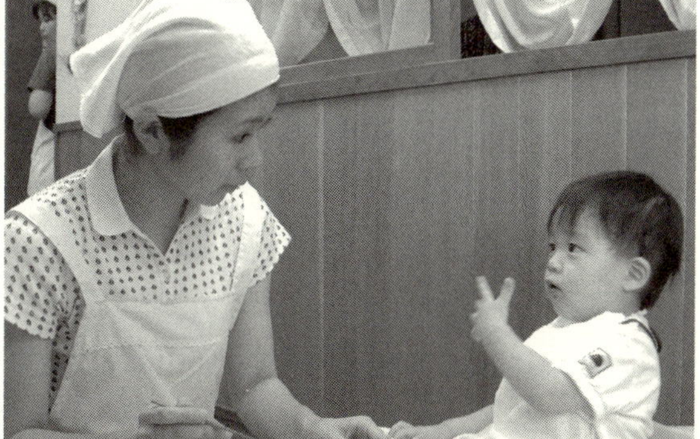

▲イスに座り、子ども主導で進められる食事

であれば、1対2にすることもあります。一人でできるようになることが増える分、他のおとなたちと連携をとりながら、あそびから食事、食事から睡眠という流れがスムーズにできるように気を配る必要が出てきます。

家庭環境の違いと園の受け入れのタイミングによる個人差から、この時期になっても食事に向かうことができない子どもも中にはいます。その場合はまず、食べることにこだわるのではなく、イスにすわってテーブルに向かうということに慣れてもらうことからはじめます。あまりに集中できない場合には、抱いてあげることからはじめることもあります。中途半端に食べるのではなく、しっかりと集中できる時間で食べるということを続けて、子どもの気持ちを食事に向かわせることが大事です。

離乳完了移行期の食事のすすめ方

時期：　12～18カ月

歯：　　前半＝上6下6（門歯＋第一乳臼歯）　後半＝上8下8（門歯＋第一乳臼歯＋犬歯）

調理形態：離乳移行食

・乳歯でかみつぶせる硬さ、大きさ、形

・メニューの中に手で持ち、かみ切って食べるものを入れる

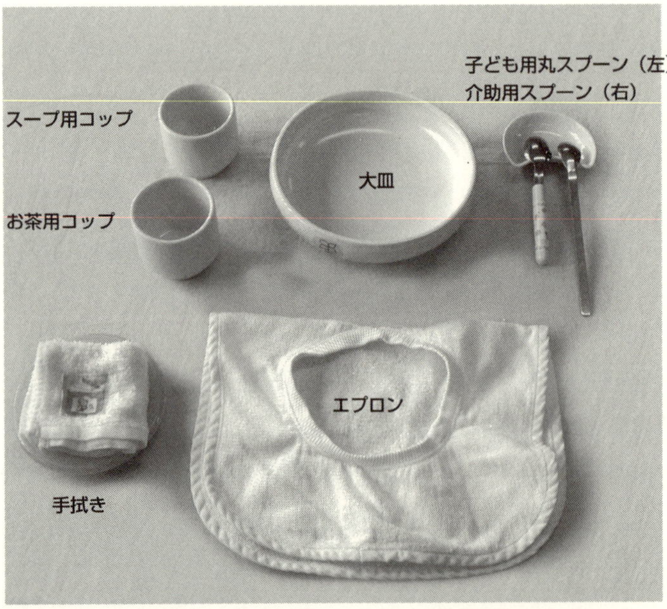

▲離乳完了移行期の食器セット

・スプーンですくいやすい調理形態にする（形、大きさ、濃度）

食べ方：

・咀嚼運動の練習期

・舌、顎が自由に動くようになる

・前歯でかみ切る

・奥歯が生えてくると、かんですりつぶした液と混ぜて食べるようになる

・自食が始まる

食べさせ方のポイント：

・自分の椅子に座って食べる姿勢に気をつける（テーブル、椅子の高さ）

・少し硬さのあるものを一口量ずつかみとらせる（小皿にスティック状のゆで野菜などをのせる）

・手づかみで食べて手が口に入らなくなったらスプーンを持たせる

・１つの食器から、食べやすいものから自分で食べはじめる（食べにくいものを介助する）

・スプーンの握り方・運び方　スプーンにのせる。一口量と食べ方に気を配る（一口量が多すぎると丸飲みの食べ方になるので注意する）

・盛りつけ方、食器の置き方に気をつける

魚・レバーを中心とした離乳完了移行期の献立の展開例

	献立名	材料１人分（g）	作り方
午前食	軟飯おにぎり すりごままぶし	米　25 水　60 すりごま　2	＊軟飯おにぎり（手食べ） ２～2.5倍の軟飯をおにぎりにする。熱いうちに１個を15から20ｇ位の俵型にする。手につかないようにすりごまをまぶす。
	焼き魚１口大ほぐし	まあじ　25 塩　少量	＊焼き魚（あじ）後期食参照
	野菜の炒め煮	白菜　10 たまねぎ　5 にんじん　7 ブロッコリー　4 油　2 だし汁 塩　少量 しょうゆ　少量	＊野菜の炒め煮 白菜、たまねぎ、にんじんは1.5cm位長さの千切りにする。 ゆでブロッコリーは花のところを同様に切り分ける。 たまねぎとにんじんを油で炒め、だし汁を入れて煮る。 やわらかくなったら白菜を入れ更に加熱して調味する。 ブロッコリーを入れ、水溶きかたくり粉で薄くとろみをつけてしあげる。
	かぼちゃのから揚げ	かぼちゃ　25 油（揚）　2.5	＊かぼちゃのから揚げ　後期食参照（手食べ）
	みそ汁	みそ　5 豆腐・絹ごし　20 だし汁　100	＊みそ汁　中期食参照
	牛乳	牛乳　50ml	
午後食	煮込みうどん	乾麺　25 大根　20 にんじん　9 ほうれん草　4 かたくり粉　2 だし汁　10 しょうゆ　少量	＊煮込みうどん ・ゆでたうどん、野菜は1.5～２ｃｍ位の長さに切る。 ・作り方は中期食参照
	鶏レバーのトマト煮	鶏レバー　25 たまねぎ　17 油　2.2 ケチャップ　7.5 かたくり粉　0.6 だし汁	＊鶏レバーのトマト煮 ・作り方は後期食参照
	煮りんご	りんご　20	＊煮りんご、生りんご薄切り（手食べ） ・歯茎でかめる硬さ、大きさ、厚さのくし形に切り、電子レンジで加熱する。
	生りんご薄切り	りんご　10 （生薄切り）	・第１乳臼歯の上下が生えたら、生りんごを１切れから用意する。
	牛乳	牛乳　50ml	

栄養量

	エネルギー (kcal)	たんぱく質 (g)	脂質 (g)	カルシウム (mg)	鉄 (mg)	塩分 (g)
午前食	255	10.8	10.3	131	1.4	1.0
午後食	216	9.1	5.1	74	3.1	1.3
合計	471	19.9	15.4	205	4.5	2.3

豆腐・肉を中心とした離乳完了移行期の献立の展開例

	献立名	材料1人分（g）		作り方
午前食	軟飯	米	25	
		水	60	
	あずまボール	豆腐・木綿	60	＊あずまボール（手食べ）
		たまねぎ	12	後期食参照
		にんじん	6	
		ピーマン	2	
		油	1.2	
		だし汁		
		砂糖	少量	
		みりん	0.4	
		かたくり粉	0.6	
		卵	3	
		油（揚）	5	
		すりごま炒	5	
	さつまいもといんげんの煮物	さつまいも	20	＊さつまいもといんげんの煮（手食べ＋スプーン食べ）
		さやいんげん	5	後期食参照
		砂糖	0.7	いんげんはやわらかめにゆでる。
		しょうゆ	少量	完了移行期食のみで作る場合は切り方を大きめにする。
		だし汁		
	ほうれん草わかめ、麩のすまし汁	ほうれん草	5	＊ほうれん草とわかめと麩のすまし汁
		生わかめ	5	後期食参照
		麩	1	
		だし汁	100	
		しょうゆ	少量	
		塩	少量	
	牛乳	牛乳	50ml	
午後食	蒸しパン	小麦粉	15	＊蒸しパン（手食べ）
		ＢＰ		後期食参照
		砂糖	3	

		卵	4	
		牛乳	8	
	ささみ団子とコロコロ野菜のミルクスープ	鶏肉ささみ	20	＊ささみ団子とコロコロ野菜のミルクスープ 野菜の切り方は、後期食より大きめに切る。 厚さは8mm前後、1cm角前後に切る。 後期食参照
		たまねぎ	7	
		かたくり粉	2.6	
		たまねぎ	20	
		にんじん	10	
		キャベツ	10	
		ブロッコリー	10	
		牛乳	60	
		油	1	
		野菜スープ	60	
		塩	少量	
	みかん（1房ずつ）	温州みかん	30	＊みかん（手食べ） ・袋より出す。1房そのまま手でつまみ食べる。

栄養量

	エネルギー (kcal)	たんぱく質 (g)	脂質 (g)	カルシウム (mg)	鉄 (mg)	塩分 (g)
午前食	303	9.8	14.1	207	2.0	0.3
午後食	183	9.6	4.0	98	0.8	0.1
合計	486	19.4	18.1	305	2.8	0.4

田原喜久江、柳澤芳子、米山千恵『おいしい保育所の食事づくり－栄養士・調理員・保育士・看護師の連携で－』2002年、明治図書より

食事の流れ、ポイント

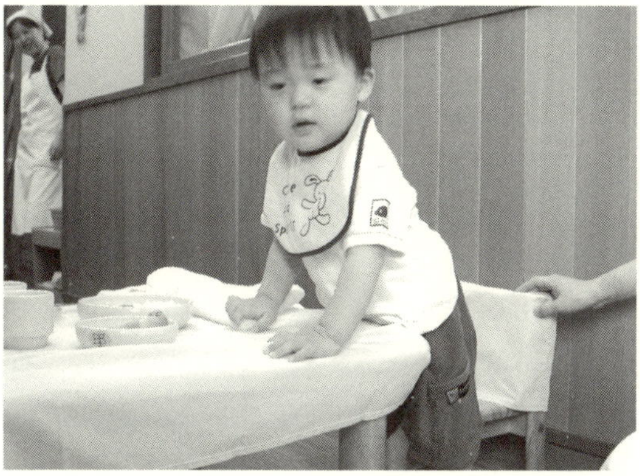

おとながイスをひき、座る。

※完全歩行できる子どもはおとなの手や指をつかみ、歩いてイスまで来る。

子どもの姿勢の調節。

※足置きを用意するなどして、無理な姿勢にならないようにする。

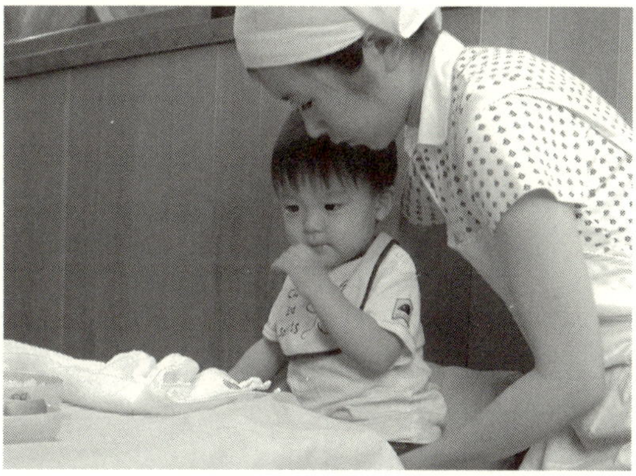

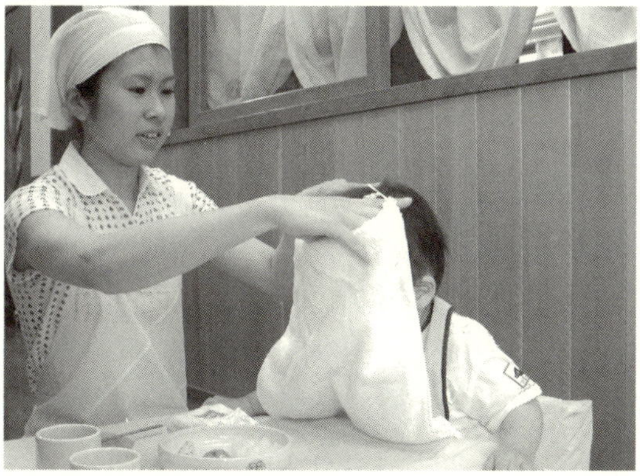

エプロンをつける。

※「エプロンつけるよ」という言葉に、頭を前に出して自ら入れようとする。

口を拭く。

※自分から顔を前に出すようになる。

手を拭く。

※「手をふこうね」という言葉に、自らタオルの上に手を置く。

食事の最初にスープを飲んで、唾液の分泌を促す。

手づかみ食。

※子どもが取りやすいようにスプーンで、食材の小分けなどの補助を行う。

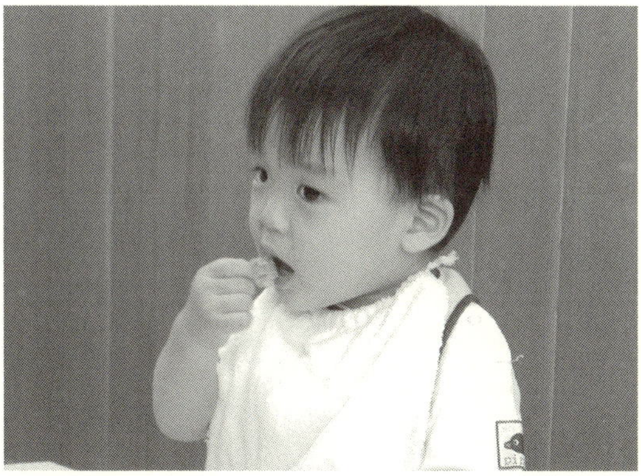

指先でつまんで食べる。

※メニューの中に手で持って食べるものを入れる。

口唇を閉じて舌で食べ物を左右に移動し、上下唇閉じて口角をねじりながら食べる。

1対1の向き合う位置で食事。

※目が合う機会も増えて、コミュニケーションもこれまでより盛んになる。

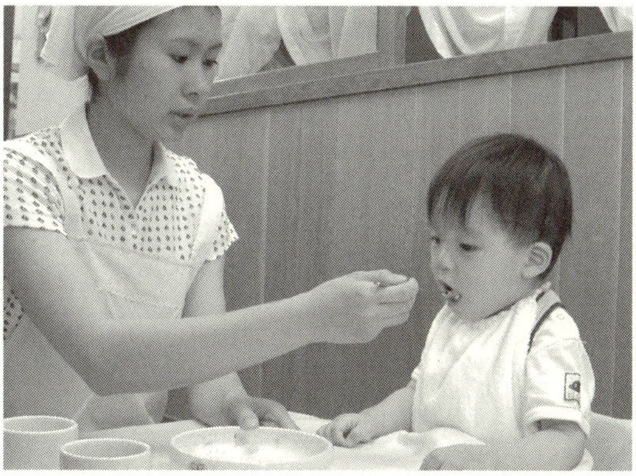

介助用スプーンで食事。

※手づかみできない食べ物をおとながスプーンで補助。

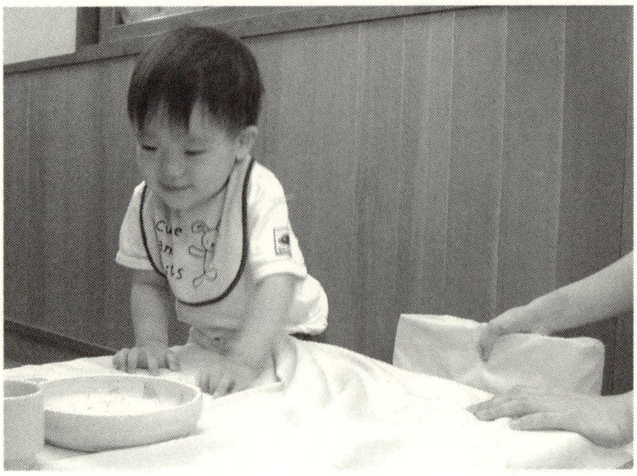

席を立つ。

※おとながイスをひくと、自分で立ってテーブルの横に移動する。

※食事最後に口の中を清潔にするためのお茶を飲んで、口と手を拭く。

着脱・排泄

歩き始めのこの時期は、歩ける子、そうでない子によっておむつ交換台までの行き方が違います。歩けるけれどもまだ不安定な子どもは、これまで通り抱き上げて交換台まで行きます。普段のあそびや移動のときに常に歩いているような完全歩行ができる子どもは、おとなが手もしくは指をさし出しながら排泄へ誘うと、つかんでいっしょに交換台まで歩いていきます。

服を脱ぐ行為については、まだ自分から脱ごうとすることはありませんが、ズボンを脱がせるときなど足をあげてくれたり、育児行為への協力が頻繁に見えるようになってきます。

12カ月を越えるあたりからは、おとなの言っていること、今からすることに注目し、それに応じようとする姿勢が見られます。これまでは、自分の動きが制止されることへの反発、そして自分自身の動きたいという欲求から、おむつ交換の最中に寝返りなどしていましたが、この頃にはおとなの要求に応えようとしてくれます。今までなされてきたおとなからの言葉がけと育児行為が一致しはじめる時期にあたります。

しかし、体調の良し悪し、気分の波などの影響もあるので、おとなの言葉がけに対して、まだ常に動いてくれるわけではなく、習慣として完全に身についているわけでもありません。習慣化され、子ども自身に見通しがもてるようになる前段階です。おとなはその都度子どもの気持ちや意欲を見極める必要があります。「わたしを見ていて」という気持ちをくみ取り、そして実際にできるかどうかを見守る。子どもをしっかりと待つ必要もありますし、かといって待っても動いてくれないときもあります。また、子どもがうまくできるときもありますし、そうでないときもあります。

成長に合わせて、できない行為であっても「自分でしたい」という欲求がどんどん増えてきます。できないとわかっていてもしたいという気持ちが強い時期ですので、おとなは制止しがちですが、子ども自身もできることとできないことを毎日の変化のなかで確認しながらすすめています。おとなからの励ましの言葉が一番必要なのです。

そうした子どもの微妙な願いに対して、おとながすべてを聞くわけではなく、また、口で言って強制的にすすめるのでもなく、その子どもとおとなの信頼関係に合わせて、毎回判断して対応していく必要があります。

着脱、排泄の範囲に限らず、この時期のおとなの対応は、のちの子どもの心のコントロールに大きな影響を与えることになるのです。

16〜24カ月

少しぼくにまかせて
—母子分離

体と心の発達、生活リズム、おとなの配慮

関節を調節する力ができあがる

　脳に近いところから始まった発達は、首すわり、おすわりを経て立って歩くところまで到達しました。16〜18ヵ月頃には歩き方も安定してきて、

▲王様いすにのぼって座る

▲走り始めの楽しさ

早い子では小走りなどもできるようになります。また、股関節や膝や足首などの関節を調節する力ができあがっていく時期ですので、何もつかまらないで一人で立ち上がったり、何かを取るためにかがんだ

り、おとな用のいすに上がったり、正座をしたりと、姿勢をいろいろ変えることができるようになります。体全体のバランスが取れてくるので、かばんにものを入れて持ち運ぶ、大きめの遊具を引っ張って歩く、もしくは押して歩く、小さめのタイヤのある遊具を腹ばいしながら押すなどの行動があそびの中で見られます。１歳半頃になると、走ったり、後ろ向きで歩いたりすることができるようになります。また、手を持ってもらったり、１段ごとに両足を揃えるようにすれば、階段を上がることができるようなります。あそびの中では、ひもをつけた遊具を、最初は遊具を見ながら後ろ向きに歩き、次第に自分の後ろに引きながら前を向いて歩くなどの行動が見られます。

▼引っ張って部屋の中をぐるぐる

手を使った細かい動きができる

手指の細かい動きが発達し、積み木を３～４個積めるようになります。ただし、バランスを考えることができないので、あまり高く積むことはできません。また、紙にクレヨンで線をいくつか引くこともできるようになります。ねじる、つまむ、ひねるといったより複雑な手指の動きも可能になるので、手首を動かしてドアのノブを回したり、びんの栓を開閉したり、チャックを上げ下げしたりといった行動が見られるようになります。この頃からだんだんと頻繁に使うほうの片手が決まるようになります。

▲崩れながらも何度も挑戦

二語文が出るようになる

言葉の学習のテンポが早くなります。体の部位を聞かれるとその部分を指さすことができます。また、言葉の早い女の子では、「これ、なに？」「これ、とって」など、二つの単語をつなげて会話らしく話ができる子も出てきます。おとなの言っていることも難しいこと以外はたいてい理解でき、「棚にいる熊ちゃん、取ってきてくれる？」などの要求も理解してちゃんと取りに行ってくれるようになります。知的発達の面では、同じものをペアとして組み合わせたり、型合わせで円と四角の場所を探したりすることもできるようになります。知人の顔を写真でも見分けることができます。

模倣あそびでトラブルが起こったら

▲自分がおとなにしてもらうことを人形にも

観察力がついて、おとなや他の子どもの動作を模倣するようになります。たとえばお人形を寝かせて布をお布団代わりにかけるという動作なども、よく他の子どものまねをして同じようにやりたがりますが、まだこの時期は別のお人形を連れてきて同じようにやることはできず、その子のあそびの中にそのまま入ってしまうのでよくトラブルになります。このような時に、「これは○○ちゃんが寝かせているから、あなたはこっちで寝かせてね」と言っても、なかなか聞き入れることができません。自我意識が芽生える時期なので、自分のやりたいことが通らないと葛藤がいっぱい出てきてしまうのです。しかし、それを気長に何回もくりかえし、その子が受け入れることができた時には「そうだね、○○ちゃんがあそんでいたんだよね」とほめてあげて、「じゃあ、あなたにはもっと違うかわいいのを取りに行こうか」といって別の人形を取りに行くというふうに、言葉だけでなく目の前でその子に分かるような形で説明することで、子どもも少しずつ納得してくれるようになります。そして2歳を過ぎるころには、手を出しそうになった瞬間におとなの顔をみて、やはりダメなのだと手を引っ込めるようにまでなるのです。一方で、この時期は記憶を保存する時間がそれほど長くないので、新たに何か気になる出来事が起これば、今まで固執していたことをすっかり忘れてそちらの方へ気持ちがいってしまうという単純な面もあります。トラブルが起こったときに、上手に気分転換させるというのも一つの方法です。

おとなが言わなくてもわかる

１歳児の前半までは、月齢高低の差でまだ午前睡が必要な変則２回寝の子がいましたが、この時期にはほぼ全員が午睡だけになり、同じ日課を過ごすことができるようになります。この頃には、おとなと子どもは１対３で食事をするようになります。もうおとなが言わなくてもわかる子は、いすに座って自分でエプロンをつけ、口を拭いてもらうのを待っていたり、自分で何とかそれなりに拭いたりします。食べるときは自分でスプーンを持って口に運びますが、まだ上手にはできないので、時々スプーンが手のひらで回転してしまうこともあります。やっとどうにかひとりで食事ができるという状態です。１歳後半に入ったらトイレットトレーニングを始めます。普通２歳近くになってくると、おしっこが出て気持ちが悪いと自分で「おしっこ」「しーしー」などと知らせるようになるのですが、今は紙おむつをしている子どもが多いので、濡れて気持ちが悪いという不快感がなく、そのように知らせる子がだんだん少なくなっています。園でも昔は１歳８カ月ぐらいで取れる子がほとんどでしたが、今では２歳児のクラスに上がってから取れる子が多くなっています。

食事

１歳の後半には、おとな１人に対して子ども３人で食事をするようになります。４人がけのテーブルの真ん中におとながすわり、子どもたちの食事の補助を行います。食事に意欲的な子どもから先にテーブルについて食事をはじめてもらいます。食べる姿勢まできちんと確認してあげれば、１人で食べ始めます。そしてあそび場にのこっている残りの子どもを順に連れてきます。

▲子ども３人おとな１人で進められる食事

この時期になれば、食事の前にはトイレで手を洗い、エプロンをかけて口を拭いてから食べるまでの一連の動作を子どもも把握しています。おとなよりも先に動いて、座って口を拭いてもらうのを待ったり、自分で拭いたりする子どももいます。この「食べる前に口を拭く」という行為ですが、このあたりになってくると必ず必要かというとそうでもありません。清潔のために必要なことではありますが、主として子どもの気持ちが食事に向かうようするための意味がありますから、まだこれから食事だということがわからない時期の子どもには必要ですが、食事に対して意欲的に動いて手を洗うなどの行為を行ってくれる子どもにとっては、必ずしも必要な行為とはいえません。決まった手順を重視するあまりに子どもが待たされてしまい、意欲がそがれてしまうことのほうが問題です。複数でテーブルについて食事をすすめる場合には、おとなは手順よりも、全体そして子ども一人ひとりの食事の流れをスムーズにしてあげることに気を配る必要があるのです。食事の前の手洗いも絶対に欠かすことのできない習慣ですが、これについても食事の前にトイレで排泄をすませた後にちゃんと手を洗っていれば、もう一度あらためて洗う必要はありません。食事の習慣として絶対に変えてはいけないことは何なのか、その原則さえきちんと押さえていれば、状況に応じてやり方を変えてもよいのです。子ども自身が育児行為に見通しをもって流れをつくりはじめる時期だからこそ、動きを止めてしまう、待たせてしまうということがないように配慮しなくてはなりません。

食べることについても、子どもはほとんどすべてを自分でやろうとしています。あくまで補助の役割に徹して、スプーンで食べ物を一口量に分けてあげたり、小さくつぶしておいたりして、子どもがスプーンを使って自分で食べられるようにしてあげます。

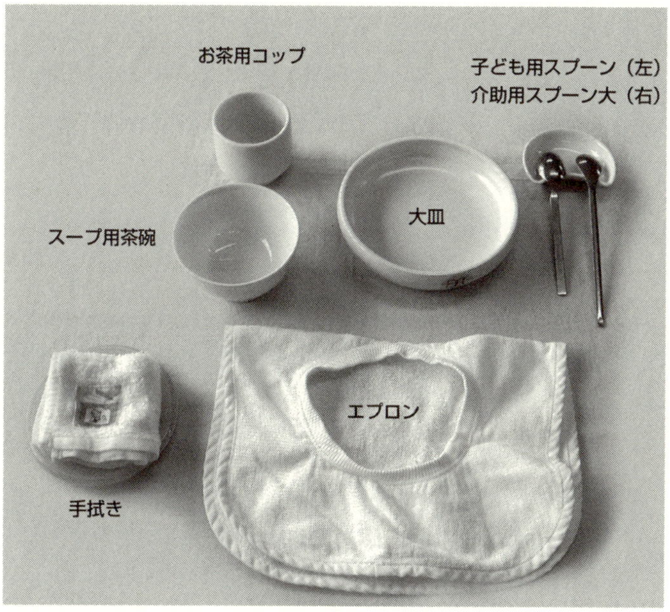

▲幼児食の食器セット

食事の流れ、ポイント

食事に誘い、テーブルに向かう。

※子どもが待つことのないように、自分でやろうとする子どもから先に誘う。
※あそんでいたものや、使っていたものがあれば元の位置にもどすように、言葉がけして片づけてから次の行動に移れるようにする。

決まった席につく。

※足をそろえて床にしっかりとついているかを確認する。安定して座れるように必要に応じて足置きなどを使用する。

エプロン、口拭き、手拭きは自分でやり、仕上げをおとなに要求する。

※どんなふうにつければよいのかを言葉で伝えながら仕上げを手伝う。
※エプロンのひもなどの長さも、個人に合わせてあらかじめ準備しておけば、直しなどする必要がなくなる。

最初に座った子どもは先に食事を始める。

汁物から飲み、唾液の分泌を促す。

次の子どもは手拭きの仕上げを要求する。

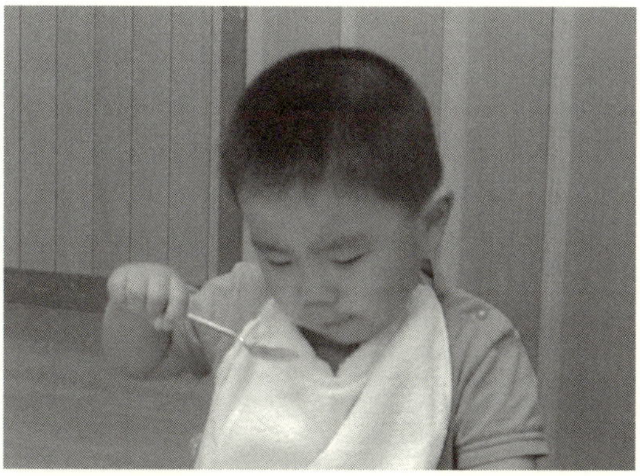

スプーンを上握りで持ち、食べる。

※あらかじめ食べ物を一口量に切っておき、小分けしておいてもう１人の仕上げを行う。

最後の子どもが呼ばれて、おとなと一緒にイスをひいて座る。

最後の子どもの準備の仕上げをする。

おとな正面の子どもは一口量を意識して、おとなに助けを求める。

おとなは自分の席につき、３人分の介助スプーンを用意する。

子どもが食べやすいように一口量に小分けする。

食事の介助。

※テンポよく食事をすすめていけるように、手が止まってきた時など介助スプーンで口まで運ぶ。
※下唇の上にスプーンをのせ、自分で取り込むのを待つ。

リンゴを最後に食べる。

※リンゴを食べて、お茶を飲むことで口の中を清潔にできる。

食事終了後、口と手を拭く。

おとながエプロンと口拭きタオルを重ねてたたむ見本を見せる。

※子ども自身ができるようになる。

口拭きタオルをエプロンで包んでたたもうとする。

自分でしようとするが、まだうまくいかない。

※まず、子どもの思いを受けとめて見守る。

食事を終えて、席を立つ際には両手でイスを持って入れる。

着脱・排泄

1歳後半ぐらいからトイレットトレーニングが始まります。個人によって、また、季節によって始めるタイミングが異なります。寒い真冬は子どもが積極的になれないので行いません。トイレットトレーニングは園だけでやっていても意味がないので、保護者と相談しながら家庭でのトレーニングとあわせて進めるようにします。トイレットトレーニングは、ある時期にきて急に始めるといったものではなく、0歳のはじめの頃からおむつをはずすという見通しをもって行わなくてはなりません。本来なら、子どもはモゾモゾしたり泣いたりなどおむつ交換を求める信号を発するのですが、最近では産まれた時から紙おむつを使用している人がほとんどのため、そういった行為をする子どもが見られなくなっています。自分の肌で不快感を感じておとなに知らせるようになるためには、産まれた時から布オムツを使用しなくてはなりません。

この頃からは排尿間隔は一定になりつつあるので、おとなは排尿時間を個別に調査します。たとえばある子どもの排尿間隔が1時間半だとしたら、その時間の10分前ぐらいにトイレに行って、おむつが濡れていなければおまるに座らせます。また、午睡後などにおむつが濡れていなければ、そのままトイレに連れていきます。そこで偶然出た場合はうんとほめてあげますが、なかなか出なかったり嫌がっている場合にはそこに長く座らせないようにします。園では布オムツを使用するので2歳近くになってくると、おしっこが出て気持ちが悪いと自分で「おしっこ」「しーしー」などと知らせるようになります。

おむつ交換をする際も、子どもはかなり協力的になっています。しっかりと習慣がついている子どもは、ズボンをサッと脱いでおむつをはずし、低いおむつ交換台に自分でゴロンと横になって待つことができます。そのようにおとなに協力してくれた時には、「あなたが協力してくれるからすごくやりやすい」ということを必ず言葉にして評価してあげることが大切です。

最近では3歳児になっても排尿の自立ができていない子どもが増えてきていると聞きます。紙おむつをしたまま幼児クラスに進級したり、4～5歳になっても夜は紙パンツをはずせないという子どもが増えてきており、紙おむつ、紙パンツの弊害を感じざるを得ません。

着脱・排泄の流れ、ポイント

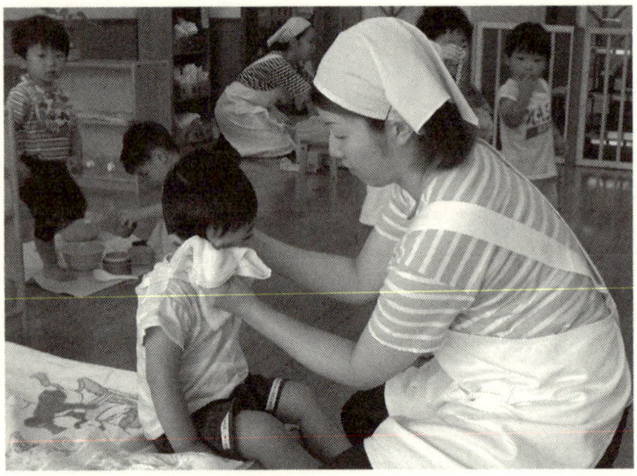

目が覚めてベッドに座ったら、濡れたタオルで顔を拭き目覚めを促す。

※目が覚めたら顔を洗うという習慣につながる。

着替え。右腕を抜く。

※援助するおとなが変わっても子どもがいつもの習慣を崩さず着替えができるように順番を統一しておく（袖を抜く左右の順など）。

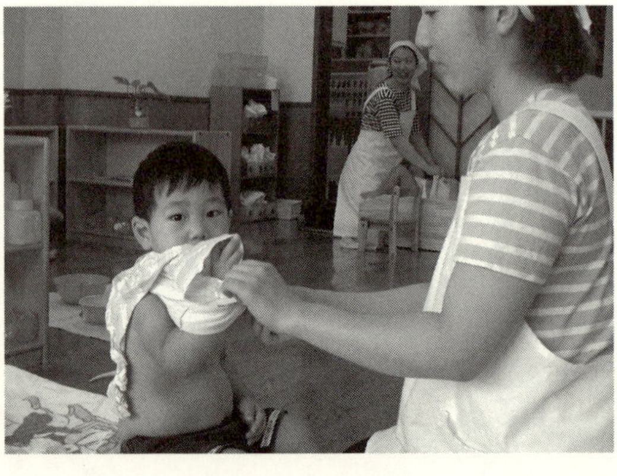

身体と頭を抜く。

※この段階では自分だけでは着替えはできないが、子どもと目を合わせてコミュニケーションを取りながら援助する。

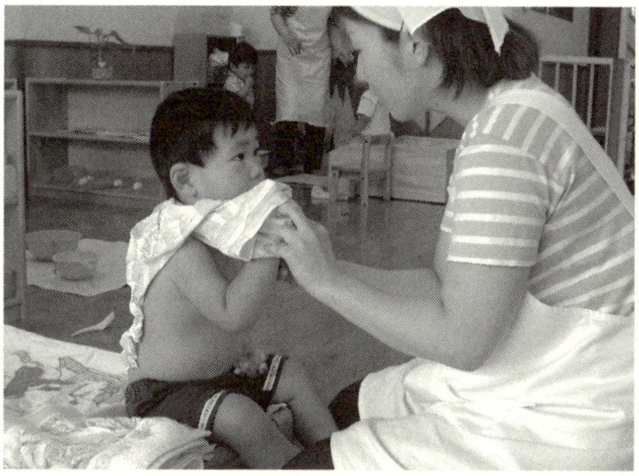

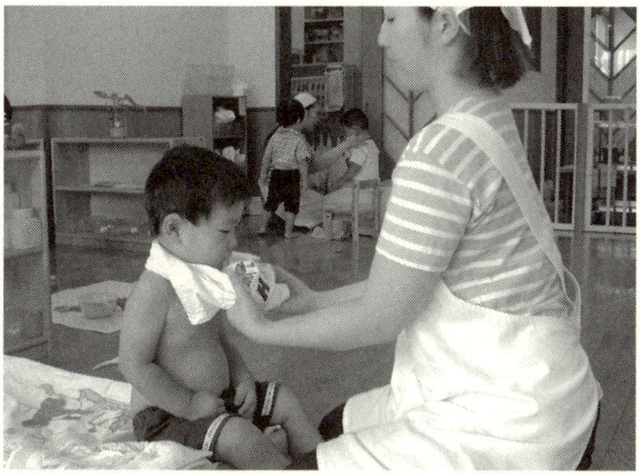

新しい服を着る。

脱いだ服を一緒にたたむ。

※自分の衣類をたたんでおく習慣がつくように言葉がけをしながら手伝う。

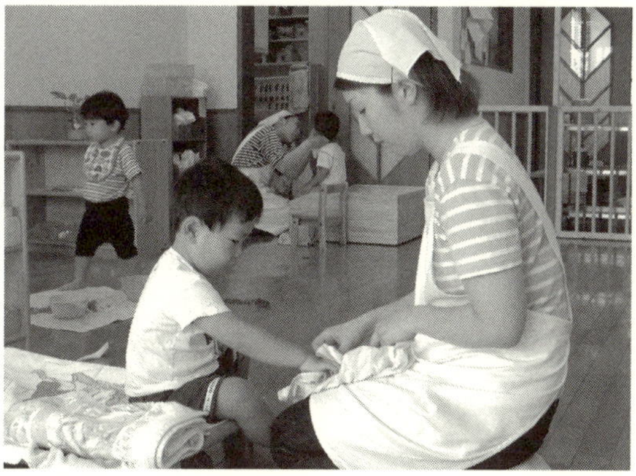

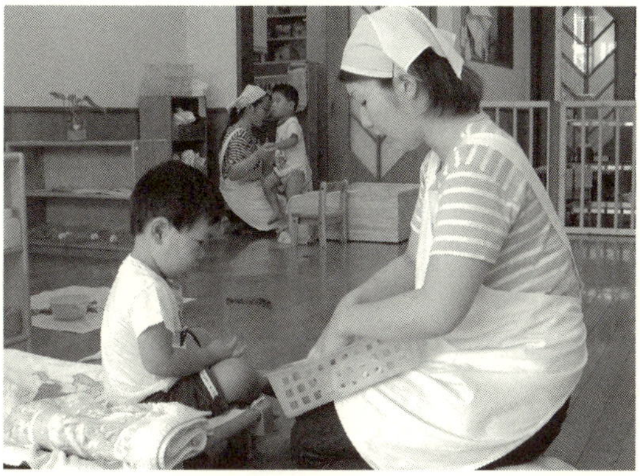

顔を拭いたタオルと脱いだ服をカゴにいれて片づける。

※カゴを目の前に用意して、自分の脱いだ服とタオルを自分で片づけられるように促す。

排泄へ向かう。

※目が覚めたら排泄に行く習慣をつけるように誘う。

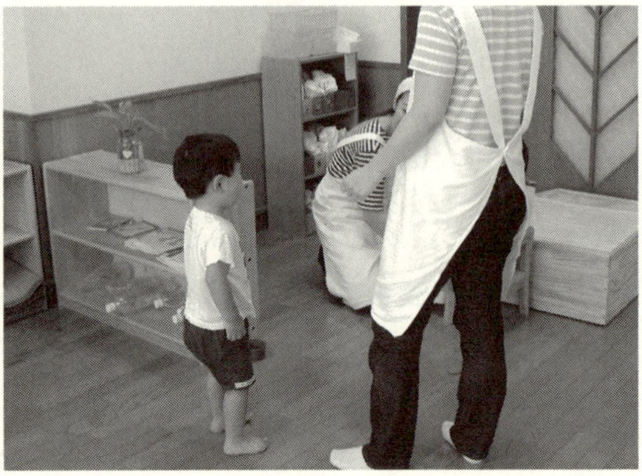

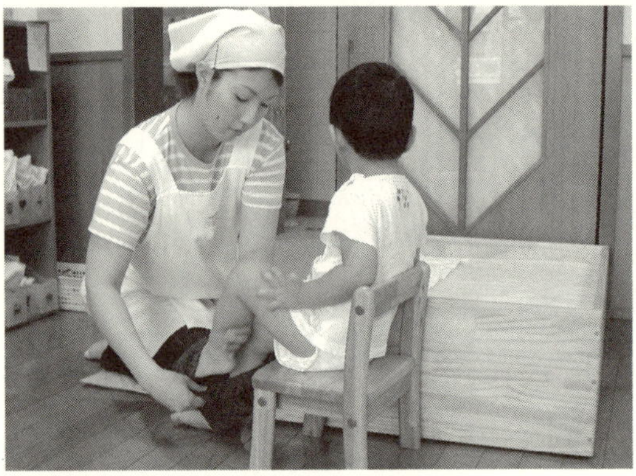

イスにすわってズボンを脱ぐ。

※子どもが自分で脱ぎやすいようにイスを用意しておく。交換台の高さがあえばそのまま台にすわればよい。

※子どもができない部分をおとなが援助する。

交換台に寝て、濡れたおむつを外す。

※おしりを自分からあげるように促して、濡れたカット綿で拭く（女の子は前から後ろに）。

※交換台の高さは自分から寝ころべるような高さに設置し、今から交換することを話しながら、台に乗れるように援助する。

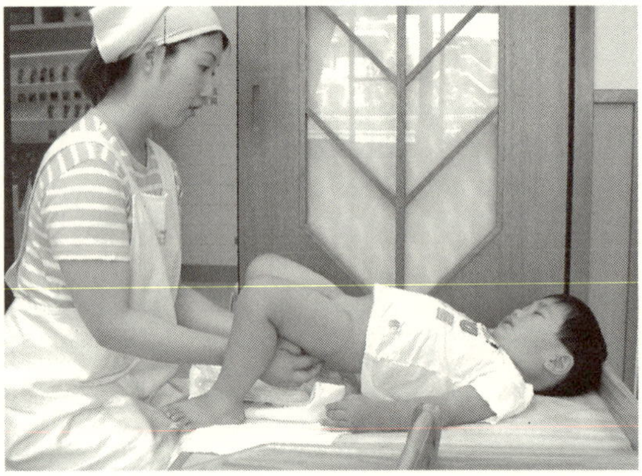

汚れたおむつを外したら、便器に誘う。

排尿する。

※女の子はトイレットペーパーで前から後ろに拭く。男の子はおしっこを切る。

排尿後は自分で水を流す。

※できない子の場合、言葉がけしながら、おとながするのを見せる。

新しいおむつをつけて、自分でイスに移りズボンをはく。

ズボンを腰まであげる。

※子どもが自分で着られたという達成感が味わえるようにできたことを認めた上で、服装に乱れがないようおとなが仕上げて、子どもとともに確認する。

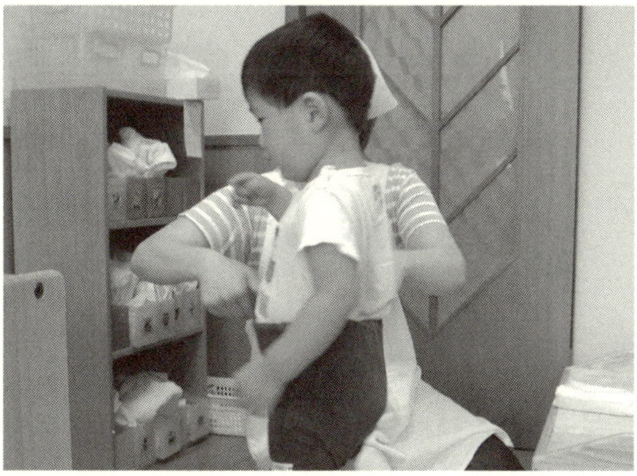

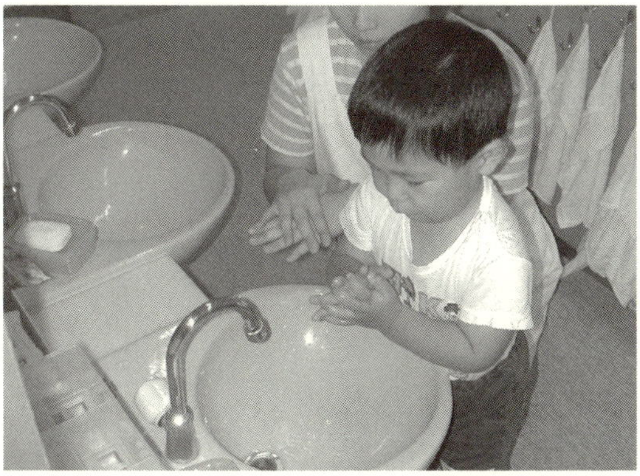

手洗いをする。
水を出して手を濡らし、水を止める。
石鹸で手のひら、甲、指の間を洗う。

※おとなは手本を示し、子どもが自分でしたいという気持ちを尊重する。

手洗いの介助。

※自分でできない子どもにはおとなが後ろから手を一緒に洗う。
※最後に水をしっかりと切る。

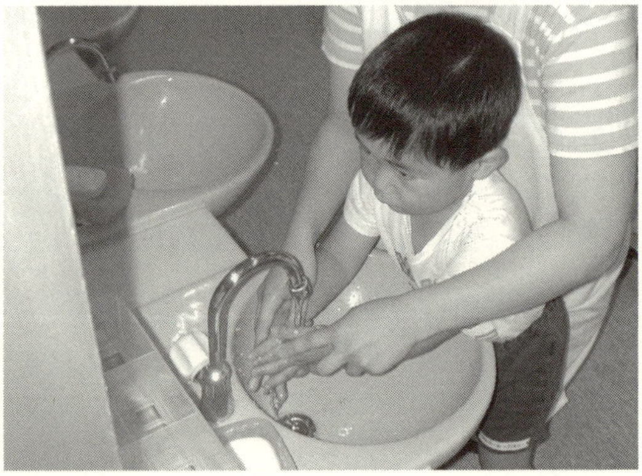

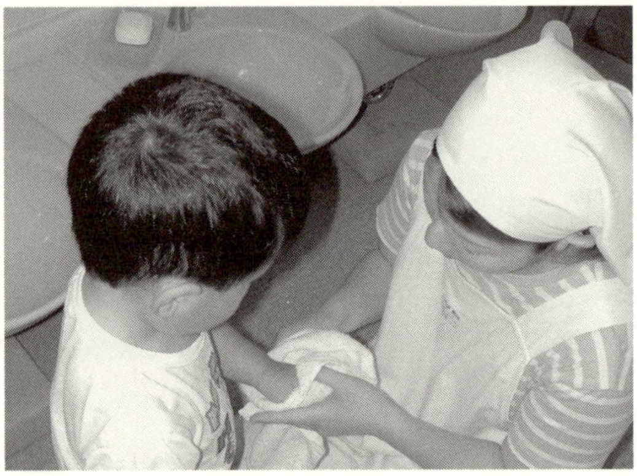

タオルで手を拭く。

※自分で拭くよう促し、拭けていなければおとなが援助をする。
※自分のタオルを知る。マークをつけて個人別にかけておく。

25～36カ月

ひとりでできるよ
－自律から自立へ

体と心の発達、生活リズム、おとなの配慮

体全体をコントロールしていく

２歳になると、歩く、走る、跳ぶなどの動作はまず基本的にできるようになります。この頃には、片手で壁をさわりながら階段を上ったりすることができます。また、あそびの中では、片ひざをついてあそぶ、ボールを蹴る、小さめのボールを頭の上から投げる、両足跳び、もしくは大胆に一歩飛ぶなどの行動が見られます。２歳児までに股関節や膝、足首などの関節は調節できるようになっていますが、体全体を使って走ったり歩いたりすることについては、まだぎこちなさが残っています。そこで自分の体をコントロールしていくことが２歳の課題になりますが、そのためにはただまっすぐに走るのではなく、ジグザグに歩いたり走ったりすることをあそびの中に意図的に入れていく必要があります。

▲交互に足を出して階段をのぼる

▲またいで乗り、わらべうたやトナエ文句などに応じて体をはずませる。

▼ボールを両手で上から投げる

クレヨンでお絵かきができる

この頃には、積み木も5～6個積めるようになります。かくことも上達して、以前のなぐりがきから、曲線や円、波形などがかけるようになります。クレヨンの持ち方もわしづかみからおとなと同じような持ち方に変わります。本のページを1枚ずつめくる、お菓子の包み紙をむく、2本のばちで太鼓をたたくといった動作もできるようになります。ただし、ボタンをかけたり、はさみを使ったりといった高度な運動はまだ苦手です。手の力をコントロールして道具をうまく使えるようになるのは3歳以降になります。

ある程度の記憶の保存が可能に

言葉がますます増え、表現も豊かになります。過去形など一定の文法を使って、簡単な文章も作ることができるようになります。コミュニケーションがとれようになるので、おとなとしても楽しくなる時期です。子ども同士でも言葉のやりとりがみられますが、女の子がほとんど社会で通用する言葉を喋るのに対して、男の子は言葉の発達に関しては遅いといえます。また、これまでおとなの質問に対してYES、NO（「うん」か「ううん」）でしか答えられなかったのが、誰と行ったとか、何に乗って行ったとか、お父さんは何をしていたというふうに、記憶を辿って具体的に答えられるようになります。この頃には、記憶もある程度保存できるようになっているので、あそびの中でおとなの模倣をしたり、家庭の生活を再現したりすることが多くなってきます。くりかえしのある短いお話やわらべうた、ごろあわせなどは喜んで聞き、何度か聞いただけですぐに覚えてしまいます。

ひとりあそびから二人あそびへ

▲内科検診のあと病院ごっこあそび

この頃はひとりあそびが中心ですが、人と関わることの楽しさが少しずつ分かってくる時期です。まだ集団あそびには至らず、お店屋さんごっこの店員とお客さん、お医者さんごっこのお医者さんと患者さんなどという２人の関係です。しかし、この時期は両方の役割を１人で演じてゴチャゴチャになったりするので、おとなが役割をきちんと分けてあげたほうがスムーズでしょう。また、その役割がどのようなことをするのかというモデルをおとなが示してあげたり、使用するものの名前や用途などを伝えていくことにより、あそびが整理されてきます。このようなあそびを体験する中で、使ったものを元の位置に戻しておく、ものを貸してほしい時には「○○ちゃん、貸して」と言い、その子に「いいよ」と言われたら借りる、あそびの仲間に入れてほしいときには「入れて」と言い、「いいよ」と言われたら「入る」などのルールが分かってくれば、幼児の段階でもっと複雑なあそびができるようになります。

生活に必要な行為が身につく

睡眠については、全員が午睡だけの１回寝です。食事についても、もうひとりで食べられるので、おとなとこどもは6対１で６人が一度に食べます。食事のときのエプロンも必要なくなります。排泄については、おむつをしている子も少しはいますが、２歳の間にだいたい取れるようになります。この頃にはトイレを使うようになり、男の子は立って、女の子は便器にすわってします。着脱についても、ズボンを脱いだり、ミトン手袋をはめたり、靴を履いたりすることができます。０～１歳の間にしっかりと育児が行われていれば、すべてのことについて協力的になり手がかからなくなる時期です。ただし、かなり個人差があるのと、その日の気分によってやったりやらなかったりというムラがあるので、そのときの気持ちをくみながら、どうしてもやりたくない様子のときは「今日は私がやるけどいいかな」といって手伝ったり、自分で最後までやるという気持ちが強いときは「今日はがんばってみよう」といって見守るなど、臨機応変に対応することが大事です。

▲子ども６人おとな１人で進める食事

子どもの気持ちを言葉で表現する

２歳の言葉がはっきりし始める頃から、自我が強くなってきます。おとなが先読みしてやってしまったり、ストレートにこうだと押し付けると絶対にうんと言わなくなります。このように自我が芽生えてくると心の中によく葛藤が起こりますが、このときの気持ちをおとなが代弁して言ってあげることが重要です。たとえば物の取り合いで怒っているときには、「物を取られたから怒っているんだよね」というふうに、言葉に代えていってあげるのです。そうすることで、子どもも自分の感情をしだいに理解するようになります。また、この時期にはやきもちの感情も生まれます。おとなが他の子どもの世話をしていると邪魔をしたりするのです。そのようなときには、「今○○ちゃんのお世話をしているの。○○ちゃんが終わったら必ずあなたのこともするから待っていてね」と言い続けることが大切です。この子が終わったら次はあなたという順番や秩序が内面化されていく時期なので、きっちりと言ってあげるほうがよいのです。ですから、おとなは言っている言葉と行為を常に一致させるように気をつける必要があります。

食事

2歳になれば、自分で食事も取れるようになっています。こぼすこともなくなりますので、エプロンなどもつけません。食事に関してはおとなの介助はほとんどなくなりますので、おとな1人に対して子どもが6人で食べるようになります。しかし、かといって、配慮する部分が全くないかというとそうではありません。これまでは食事の最中にもっとも気を配っていましたが、自分で食べられるようになるこの時期は、人数が増えていることもあるので、食事を開始するまでの流れをスムーズにするように気をつけます。手洗いもほとんどが自分ひとりでできるようになりますが、得意な子ども、不得意な子どもがいますので、見守りながら援助が必要な場合は手伝って、全員が食卓につくまで止まることなく進むようにします。席についた際には、必ず全員がしっかりとした姿勢でイスにすわっているかを確認しなければなりません。メニューや個人差によってエプロンを準備したりもしますし、食事のペースも子どもによって差がありますが、食事のテンポがくずれないように介助を行います。席につくのを無理強いせずに、「そろそろ食事にしようか」と言葉がけすることで、自分たちから道具を片づけて手洗いに行くようにし、行為を見守ります。おとなが食事の準備をするのを見て、子どもから手伝ってくれたりもしますので、その気持ちを受け止めてできるものは一緒に行うようにします。子どもたちの「ひとりでできるよ」という気持ちに細かく気づき、そして認めてあげながら一連の動きをまとめていくのです。

食事の流れ、ポイント

順次、手洗いをした後、自分の席につく。

※イスを前にずらしてテーブルに近くすわるように知らせ、最後に姿勢、足下などをおとなが調節する。

※担当保育士が食事側につくので、副担当保育士に手洗いを見守ってもらう。

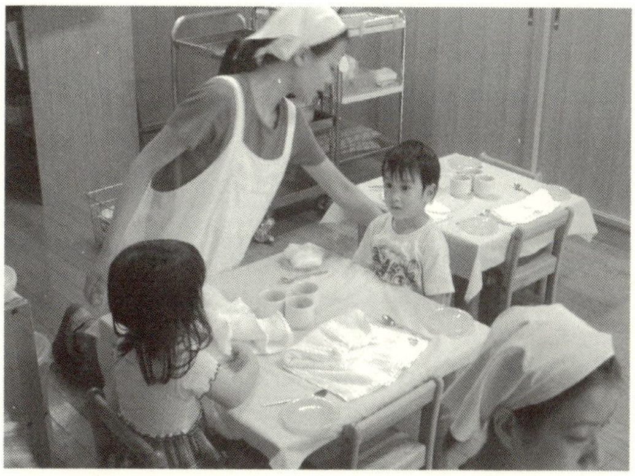

あいさつをして、食べ始める子どもの様子を見ながら他の食事の準備をすすめる。

※はじめはお茶かスープを飲む。

エプロンをつける仕上げ。

※子どもが自分からした行為に対しては声をかけ、確認なしにはやり直したりしない。

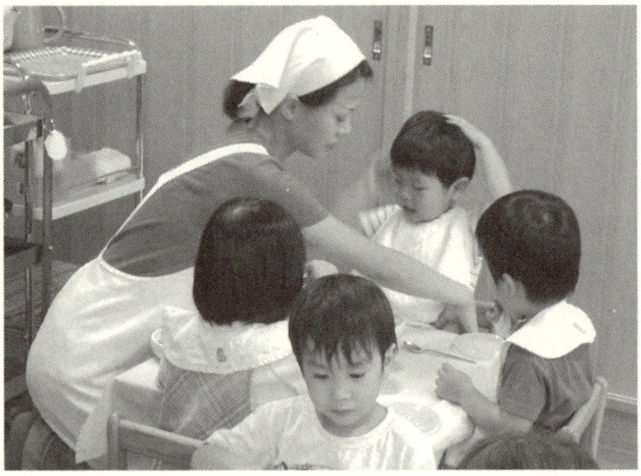

食べ物を小分けする。

※個人の食事ペース、スプーンの持ち方、すくい方、一口量、運び方、食器の扱い方などを丁寧にみて把握する。必要な場合には援助する。

主食、副食の食べ方が偏らないように声をかける。

※苦手な食べ物を少しずつ食べられるように促していく。

食事の最後にリンゴを食べ、お茶を飲む。

※歯につまったものを取り除き、口内の清潔を保つ。

エプロンをはずし、おしぼりを広げ、口を拭く。面を換えて手を拭く。

※行為を見守り、面がかえられているか、指の間を拭いているかなどを確認し、おとなが動きを示したり声をかけたりする。

エプロンとおしぼりをたたみ後始末をする。

※丁寧にできているかを見守る。

食事後のあいさつをして、食事を終える。立ち去る際にイスを中に入れる。

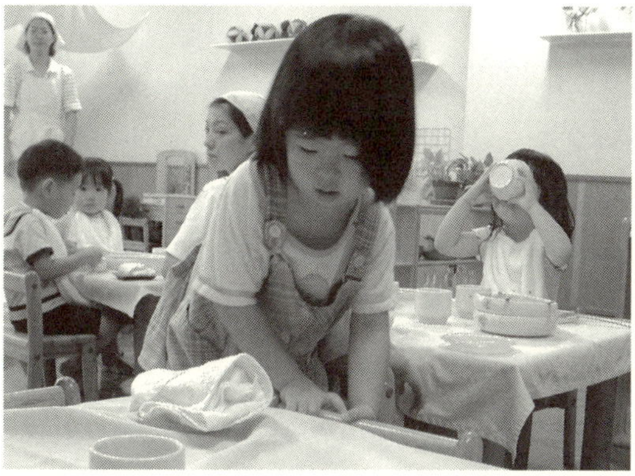

着脱・排泄

紙おむつなど、いまの子どもたちを取り巻く環境を考えれば、２歳の間におむつが取れればよいほうです。おむつが取れればトイレを使うようになります。男の子はおしっこの場合立ってしますし、女の子は便器にすわります。水を流すということはみんなできますが、排泄後にきちんと拭くという行為はできる子とできない子がいます。初めのうちは、おとながトイレットペーパーを切って拭いてあげますが、そのうちに自分で拭こうとし始めます。しかし、まだ完全に拭けるわけではありませんので、おとなが最後に拭いてあげるようにします。その時に、「じゃあ私が最後にやっていい？」と聞いてあげることが大事です。

午睡後には着替えを行います。袖から腕を抜くとか、裾をきちんと入れるといった難しい部分はまだおとなの援助が必要ですが、ほとんど自分で行うことができます。きちんとできていないところがあるようでしたら、まず声をかけて自分でやってみるように促します。それでもしできない場合には、手伝ってよいか必ず子どもに確認を取って援助するようにします。

着脱・排泄の流れ、ポイント

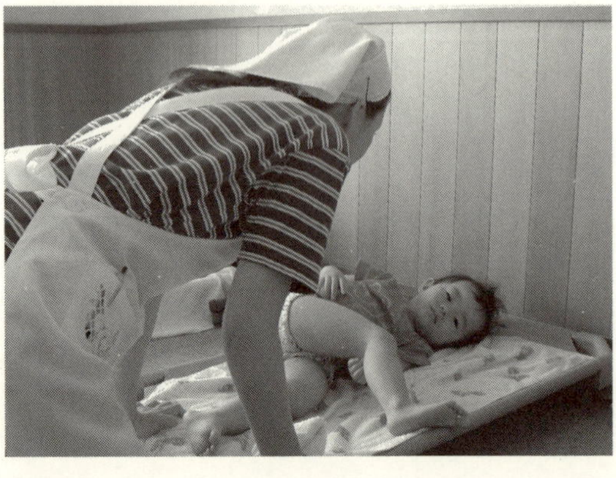

午睡から目覚める。

※各々の日課、その日の体調を考慮して目覚めを促す。事前にカーテンを開けて、足の部分の布団をめくるなどして自然に目覚めるようにする。

濡れたタオルで顔を拭いて刺激を与え、目覚めをよくする。

※特に目のまわり、鼻、口まわりが汚れやすいので、言葉で知らせながら拭く。

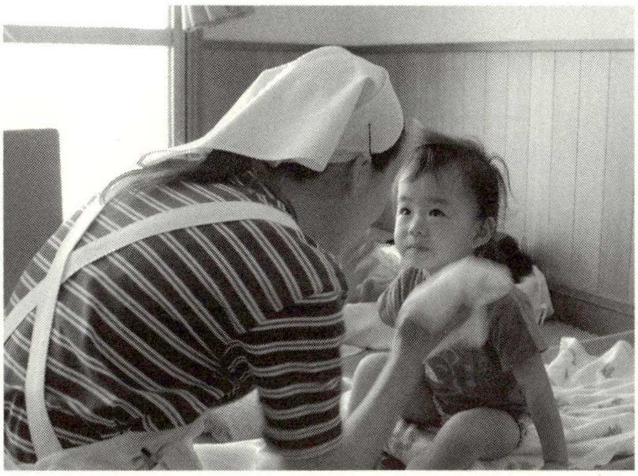

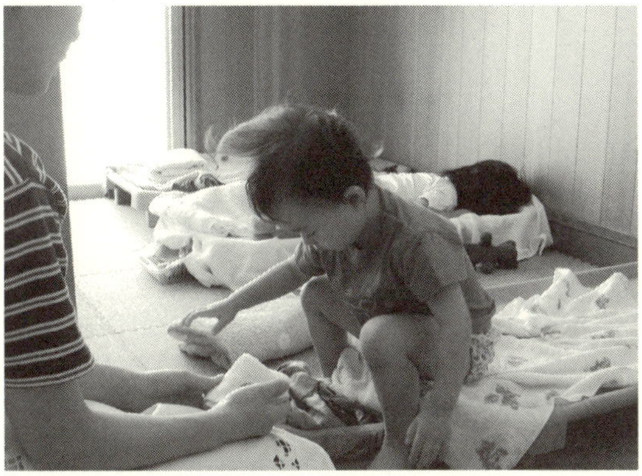

ベッドの下から着替えカゴを自分で出す。

子どもの要求に応じて着替えを助ける。

※腕、頭の順に脱ぐのは、脱いだ後に服が裏返しになるのを防ぐため。腕抜きなどおとなに援助してもらいながら着替える。

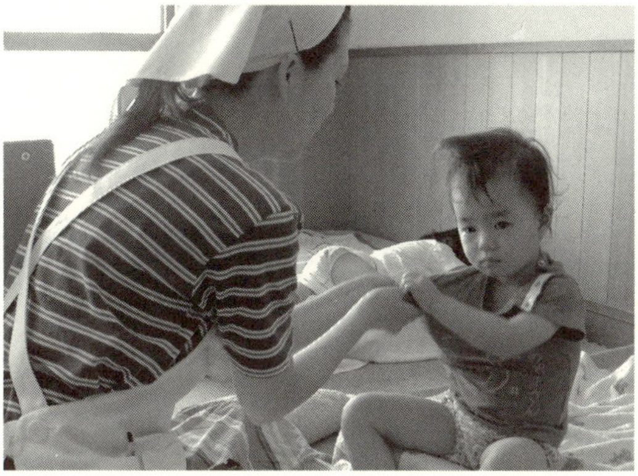

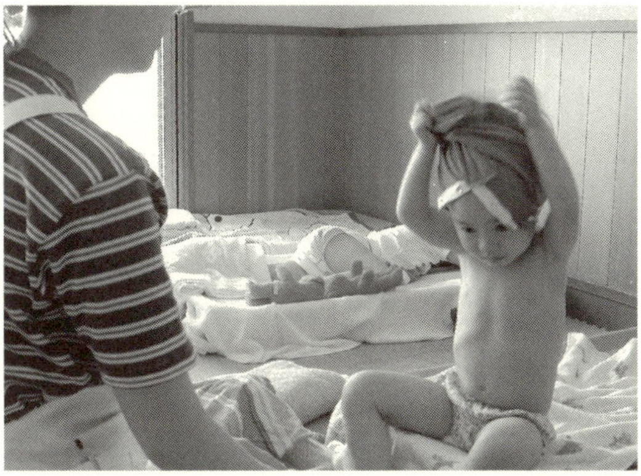

子どもの行為を見守りながら、きれいに脱げる方法を知らせていく。

新しいシャツを用意する。

※衣類の前後を知らせ、どの部分を持ってかぶればよいかなど、方法を知らせながら子どもが持ちやすいように前に置く。

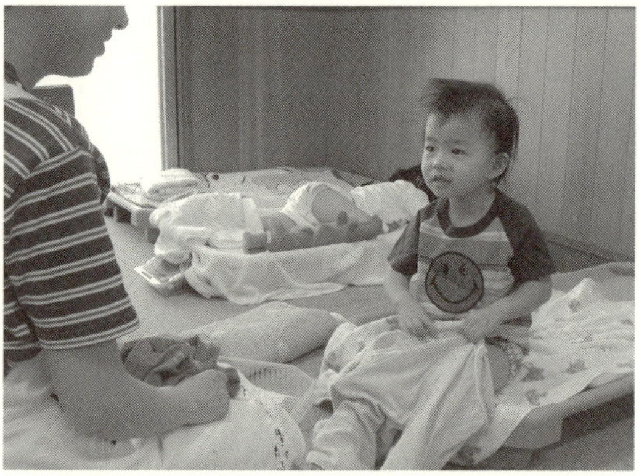

片足ずつ足をいれてズボンをはく。

ズボンを腰まで上げる。

※子どもが自分でしようとする行為を最後まで見守りながら、やり残したところなどを言葉で知らせる。

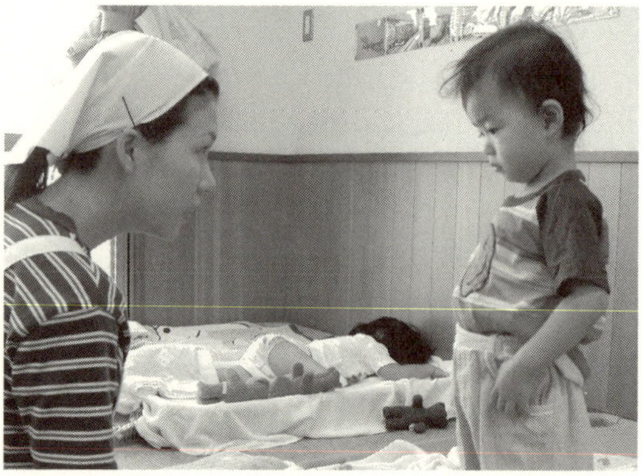

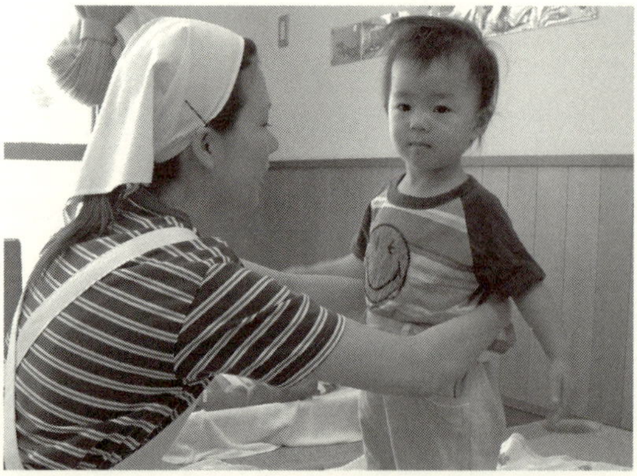

シャツをズボンに入れる仕上げをする。

※子どもに確認してから行う。

脱いだ衣類の後始末。シャツをたたんでカゴに入れる。

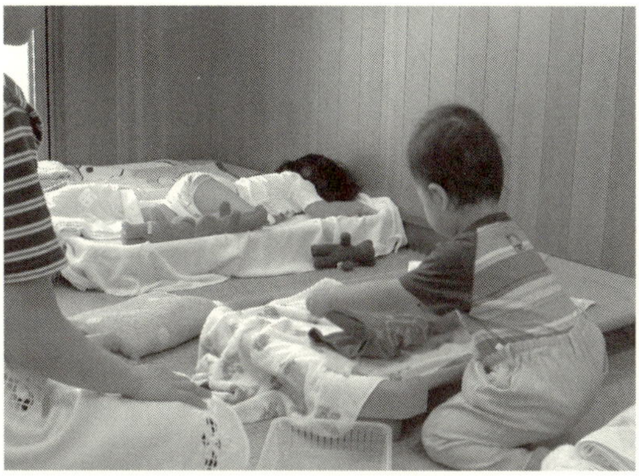

カゴを決まった場所に戻す。

※最後まで行為が流れているかを見守る。

（女の子）午睡後の排泄。

※月齢が低い場合には下の服を脱ぐ。子どもと対面にすわり見守る。

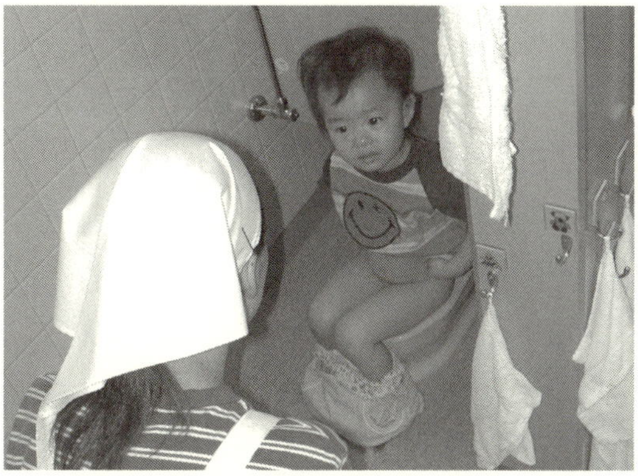

（男の子）午睡後の排泄。便器の前でズボンとパンツをおろす。

※後々の排泄のことを考慮に入れて、全部を脱いでしまわないように促す。うまく排尿できずに汚してしまうおそれがあるので足首まで服をおろすようにする。

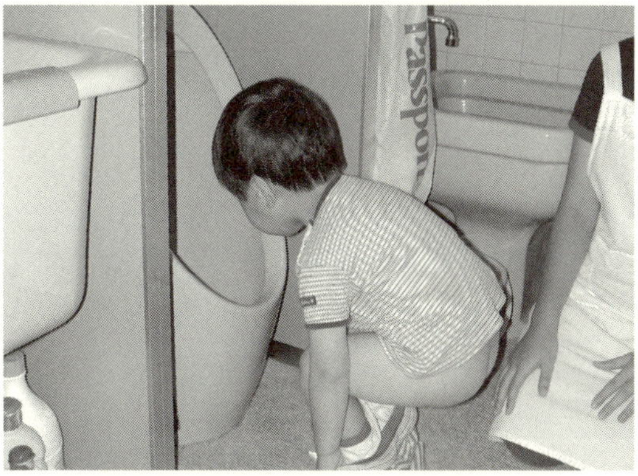

（男の子）排尿する。

※便器からこぼれないよう、自分で持つように言葉がけをする。

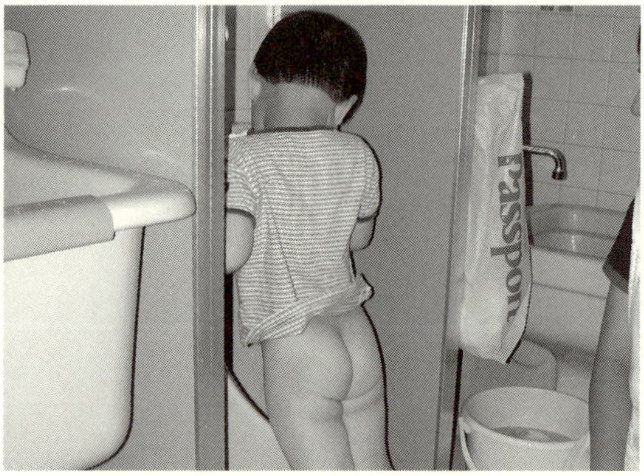

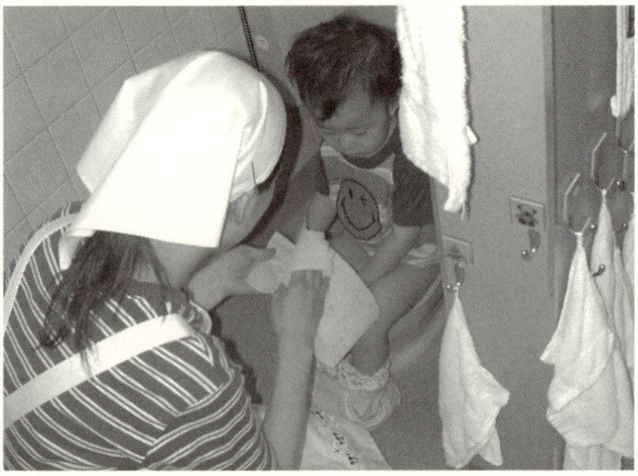

排泄後、おとなといっしょにトイレットペーパーをたたむ。

※トイレットペーパーの正しい使い方を言葉と行為で知らせていく。

自分で拭く。

※正しく拭かれているかを確認する。女の子の場合は前から後ろへ。

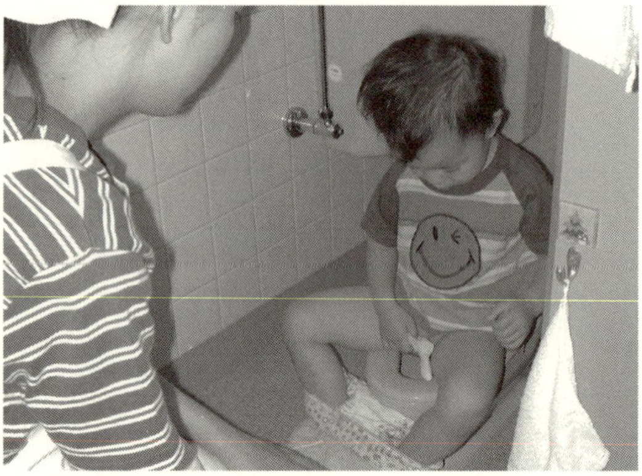

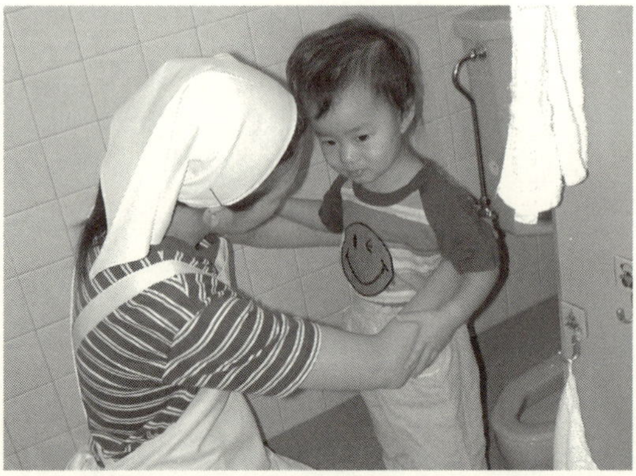

自分でズボンを上げ、おとなが確認した後に仕上げをする。

水を流す。

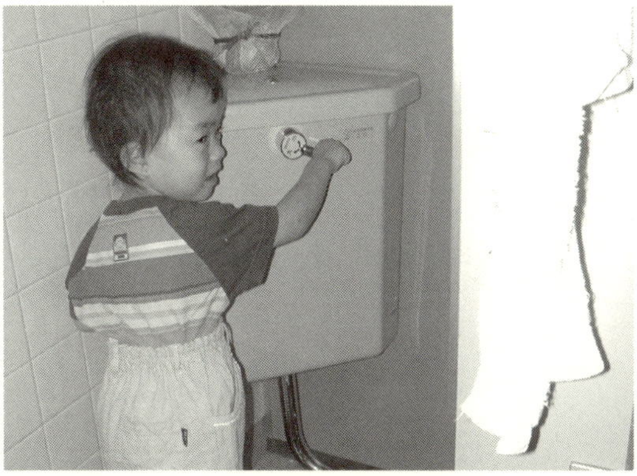

排泄後の手洗い。

※石鹸がしっかり使われて丁寧に洗われているかを確認。手を濡らし、水を止めて、石鹸を使い、最後にすすぎの順序になっているかを見て言葉で知らせていく。

手洗い後、自分のタオルを取り拭く。

※濡れたところを確認しながら拭き残しがないか子どもと一緒に確認していく。

拭き終え、自分の場所にタオルをかける。

※最後まで行為が流れているかを見守る。

流れる日課と担当制
－子どもが安心して過ごせるように

流れる日課とは

「流れる日課」とは、一人ひとりの子どもの行為や生活全体がスムーズに流れること、つまり不必要に待つ時間があったり、行為が中断されたりすることがない日課を指します。子どもたちの日課を一斉に行うのではなく、子ども一人ひとりの生体リズムや生活リズムを考えながら保育士が子ども一人ひとりに合わせた日課、担当グループをつくり、それをクラス全体の日課に組み込んで、担当および副担当、そしてグループそれぞれが円滑な連携をはかりながら、全体の日課をすすめていきます。実際にあるクラスをのぞいて見ると、一人の子どもは寝ている、別の子どもは食事をしている、さらに他の子どもたちはあそんでいるというような光景が見られます。

なぜ流れる日課が大切かというと、流れる日課の中で生活している子どもは、次に自分がどのような行為をするのか、自分の順番がいつまわってくるのかが分かっています。毎日の生活が規則的にくりかえされ、次にくる出来事が分かるということは、子どもに安心感や落ち着いた雰囲気をもたらします。家庭から保育園という全く違った環境に入ってきた子どもたちにとって、安心できるということはとても重要ですし、また子どもたちが保育園という新しい環境に適応するのを助けてくれます。さらに、保育者と子どもの１対１の時間が取れるというのも、流れる日課の大切な目的の一つです。１対１で多くの言葉がけをすることにより、言葉の発達や自己認識を促すことができます。また、靴下や靴をはくことを促し、援助することを通して微細運動の発達に働きかけるなど、１対１で子どもの発達に働きかける“質の高い”育児が可能となります。

もし日課ができておらず、子どもにとって何をしてよいか分からない時間、不必要に待つ時間があったらどうなるでしょう。まず、クラスに秩序がなくなります。そして子どもたちは不安になったり、イライラしたりして、落ち着きがなくなります。落ち着きがなくなるということは、さらに緊張感をも生み出します。食事の例でいえば、流れる日課が行われている場合は、子どもは自分がご飯を食べる順番が分かっているので、自分が呼ばれるまで落ち着いてあそびに没頭することができます。けれども、もし順番がなかったら、いつ自分がご飯に呼ばれるのかとイライラして、あそびが手につかなくなってしまうでしょう。流れる日課の中で、自分の食事の順番というものが習慣としてしっかり身についていれば、食事をしている子どものところに、あそんでいる子どもが寄っていくなどということはまず起こりません。

流れる日課づくりのための基本原則

実際に日課をつくるにあたっての視点としては、子ども一人ひとりの必要性、子どもの生理的・身体的欲求を満たすということが最も大切です。子どもの必要性や欲求とは、具体的には、いつ、どれだけ食べるのか、1日に何回、どのように寝るのか、排泄をどのように行うのかということです。それらにはもちろん年齢ごとの特徴がありますが、子ども一人ひとりにも特徴があります。ですから、一人ひとりの欲求に合わせて日課を組むためには、0歳児クラス、1歳児クラス、2歳児クラスと、年齢ごとに日課が違ってきます。

また、一人ひとりの子どもの食事や睡眠の時間を決めるためには、家庭でどのような日課を過ごしているかが重要になります。たとえば、朝授乳をしてきたのか、ご飯を食べてきたのか、いつ食べたのか、もしくは食べずにきたのかということがあります。朝何時にご飯を食べてきたのかが分かれば、食事の間隔は決まっているので、食事の時間が必然的に決まります。そして次に、いつ寝るのか、何回寝るのかによって、日課の中に睡眠が入る位置も決まります。食事と睡眠の時間が決まれば、それ以外はその子のあそびの時間です。

家庭環境、家庭状況の多様化により、子どもたちの生活リズムには大きな差が出てきていますが、それぞれのリズムを大切にしながら、本来のあるべき姿である園の生活の流れにうまく調整していく必要があります。たとえば、一番最初に給食ができる時間が11時だとしたら、朝6時に朝食を食べている子どもの場合、11時までは待てません。そのような子どもには給食前に軽い補助食をあげることが必要になります。また、朝早く起きるので給食までに眠くなる子どもは、午前睡を入れたりして、その子が気持ちよくあそべるような時間帯をつくらなければなりません。

また、季節によっても、日課を変化させていく必要があります。夏は外で長くあそべますが、冬は室内あそびが多くなります。雨や雪が降ったときなども、活動内容を変えていく必要があります。担当保育士が休みのときや新入園児がクラスに入ってきたとき、また子どもが成長して自分でできることが増えたときなど、状況によって融通をきかせることが大事です。

流れる日課づくりのための基本原則

①一人ひとりの子どもの欲求を念頭におきながら、クラス全体の欲求や要求を満足させる。
②乳児の日課は家庭での日課と調和させなければならない。
③子どもの欲求や要求は年齢や発達にあわせてどのように変化しているかに注意しなければならない。
④季節に合わせて日課を変えていく必要がある。柔軟に日課を変化させるべきだが、思いつきで変えたりせず、常に環境を考慮に入れ、熟慮されたものでなければならない。

どのような担当制を組むか

流れる日課を運用していくためには、手厚い育児行為を可能とする担当制が欠かせません。いつも同じ保育士が一人の子どもを観察することにより、その子の発達や習慣をより正確に知ることができます。子どもの状態がしっかりと把握できれば、それにふさわしいはたらきかけもできるようになり、子どもの発達を助けることができます。また、担当の保育士は何か起これば必ず助けてくれる母親代わりともいえる存在で、子どもに情緒的な安定をもたらしてくれます。情緒的に安定している子どもは、行為をしたりあそんだりすることにも積極的で、それがまた発達とも大きな関わりをもっているのです。

担当制を組むときには、第一のお母さん代わりの保育士がお世話しますよ、第一の保育士ができないときには第二の保育士がお世話をしますよというように、担当と副担当を必ず決めるようにします。そして担当が一人の子どもの面倒をみている間に、副担当が他の子どもの面倒をみているというお互いの助け合いや連携がなければ一人ひとりの子どもの生活の流れを保障していくことはできません。たとえば、一斉にお便所に行くなどということは、結果的には子どもを待たせることになります。そのようなことがないように、一人ひとりの子どもの自然の流れを大事にする日課をつくることが大切です。

担当制と同様に子どもに応じたグループ分けも重要です。私の園では、保護者に入園１週間前の毎日（24時間）の生活のリズムを記述してもらい、それを整理して似かよった時間帯の子どもたちで日課やグループをつくっています。園の条件のなかには、開園時間や給食の開始時間、保育士の勤務形態など変えられないものもありますが、それらの条件を考慮しながら、クラスの１日の流れに一人ひとりの子どもたちの日課を入れていきます。

日課が流れるためには、保育士同士が同じことを同時にしないということが前提です。そして、子どもが背負っている家庭の生活のリズムをどうやって保育園が自然に受け入れて、どうやってかえしていくかという一人ひとりの24時間を見つめなければ、日課は流れなくなってしまいます。流れる日課をつくるためには、どういう条件の子どもたちのグループをつくるか、どんな組み合わせの担当制を組むかということを総合的に考えることが重要です。

流れる日課で保育士に求められる資質

それぞれの保育士は以下のことを常に考えながら日課をすすめてほしいと思います。

流れる日課で保育士に求められる資質

①一人ひとりの子どもに関わるとき、他の子どもがどんな状況にあるかが見えているか。
②一人ひとりの子どものやりたい要求にどれだけ応えることができるか。
③いま保育者自身がひとりでできていること以外に、何をしなければいけないのかを知る。
④保育者自身が自分で行っていることと、他の保育者がやっていることを含めた全体の流れをつかむ。

保育士にとっては、流れる日課を行うことが働きやすさを生み出すという面もあります。それは、落ち着いて子どもと接する時間を取ることができるし、いま育児をしている子どもに集中することができるからです。しかし、流れる日課を行うことの最大の理由は、保育運営を楽にするためではなく、子ども一人ひとりが見通しをもって、日々の生活を送ることができるようにするためです。そのことが生活習慣を身につけることにもつながります。この目的を常に忘れずに、日々の実践を重ねていってほしいと思います。

【0歳児クラス】子どもとおとなの1日の流れ

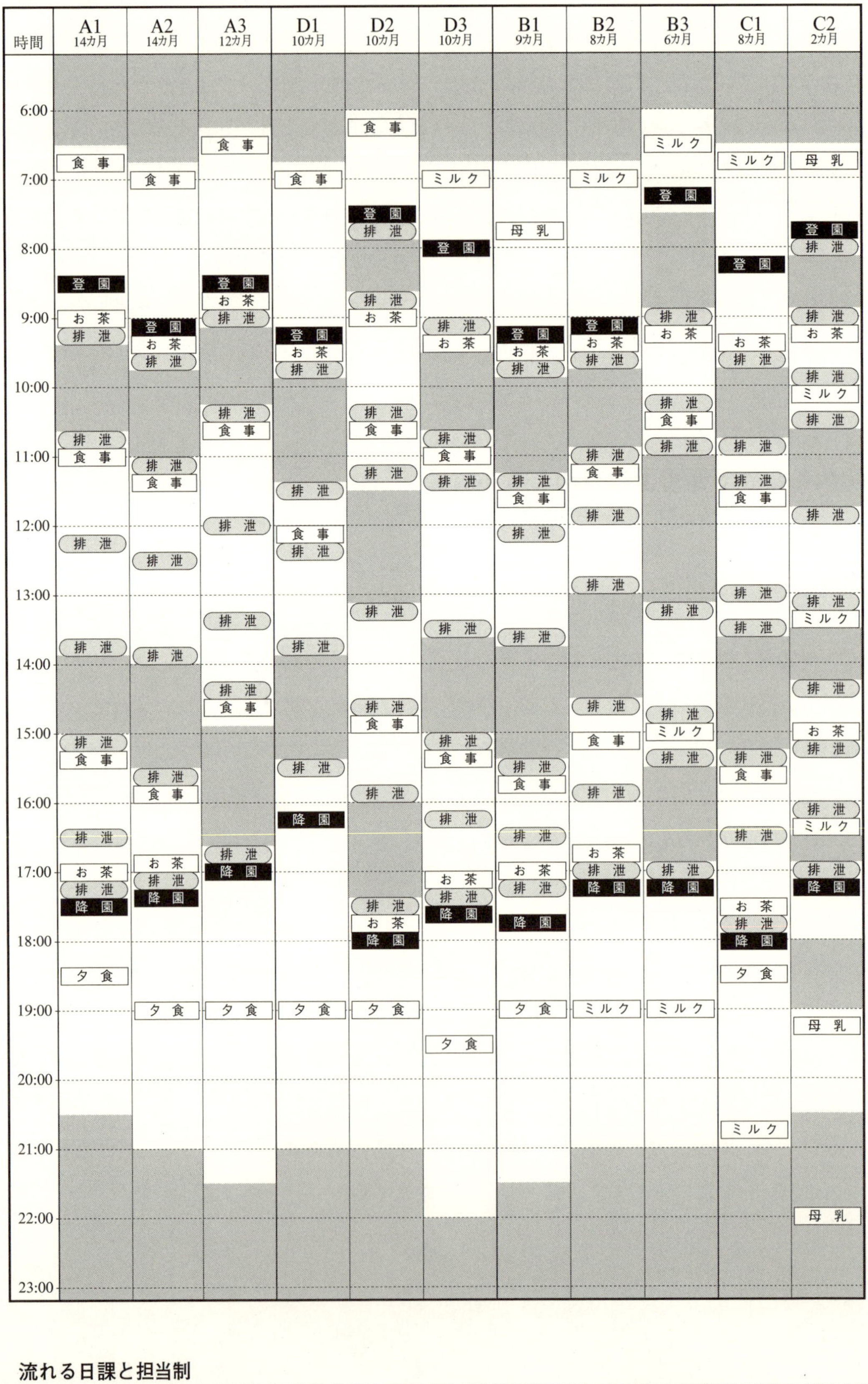

時間	A早番(7:15~15:45)	中番(8:00~16:30)	B中番(9:15~17:45)	C中番(9:30~17:15)	D遅番(9:45~18:15)
6:00					
7:00	出　勤 分担の仕事 受け入れ、視診				
8:00	D2　排泄 C2　排泄 A3　お茶、排泄	出　勤 受け入れ 連絡帳に目を通す あそびを見る			
9:00	A1　お茶、排泄 A2　お茶、排泄		出　勤 分担の仕事 D　排泄、お茶 B3　排泄、お茶	出　勤 分担の仕事	出　勤
10:00	A3　排泄、食事 A1　排泄、食事		B2　排泄、お茶 B1　排泄、お茶 B3　排泄、食事	C2　排泄、ミルク	食事の用意 D2　排泄、食事
11:00	A2　排泄、食事 休　憩 A3　排泄		B2　排泄、食事 B1　排泄、食事 B2　排泄	C2　排泄 C1　排泄、食事 C2　排泄	D3　排泄、食事 D2　排泄 D3　排泄 D1　排泄
12:00	A1　排泄 A2　排泄		B1　排泄 B2　排泄	休　憩 C1　排泄	D1　排泄、食事
13:00	A3　排泄 A1　排泄 A2　排泄	休　憩	B3　排泄 B1　排泄 休　憩	C2　排泄、ミルク C1　排泄	休　憩 D2　排泄 D3　排泄 D1　排泄
14:00	A3　排泄、食事		B2　排泄	C2　排泄 C2　お茶、排泄	D2　排泄、食事
15:00	A1　排泄、食事 A2　排泄、食事 退　勤		B3　排泄、ミルク B2　食事 B3　排泄 B1　排泄、食事	C1　排泄、食事 おやつ後片づけ C2　排泄、ミルク	D3　排泄、食事 D1　排泄 D2　排泄
16:00		退　勤	A3　排泄	C1　排泄 分担の仕事 C2　排泄	D3　排泄
17:00			A2　お茶、排泄 A1　お茶、排泄 C1　お茶、排泄	退　勤	D3　お茶、排泄 D2　お茶、排泄 分担の仕事
18:00			退　勤		退　勤
19:00					
20:00					
21:00	副担　B1 B2 B3 C1		副担　D1 D2 D3	副担	副担　A1 A2 A3 C2
22:00					
23:00					

おとなの仕事分担

【A早番】
- ●換気
- ●洗濯機・殺菌機
- ●ベッドルーム掃除機
- ●白湯づくり
- ●プレイルーム床棚拭き

【中番】
- ●お茶用意
- ●顔拭き・手拭きつくる
- ●エプロン

【B中番】
- ●外あそびの用意
- ●給食人数出し
- ●レンタルおむつバケツ洗い

【C中番】
- ●植木の水やり・花びんの水換え
- ●トイレ・浴槽掃除
- ●食事後の片づけ
- ●おやつ後の片づけ
- ●おもちゃ消毒
- ●ごみ捨て

【D遅番】
- ●プレイルーム掃除機
- ●コンセント抜く
- ●戸じまり・安全点検

【1歳児クラス】子どもとおとなの1日の流れ

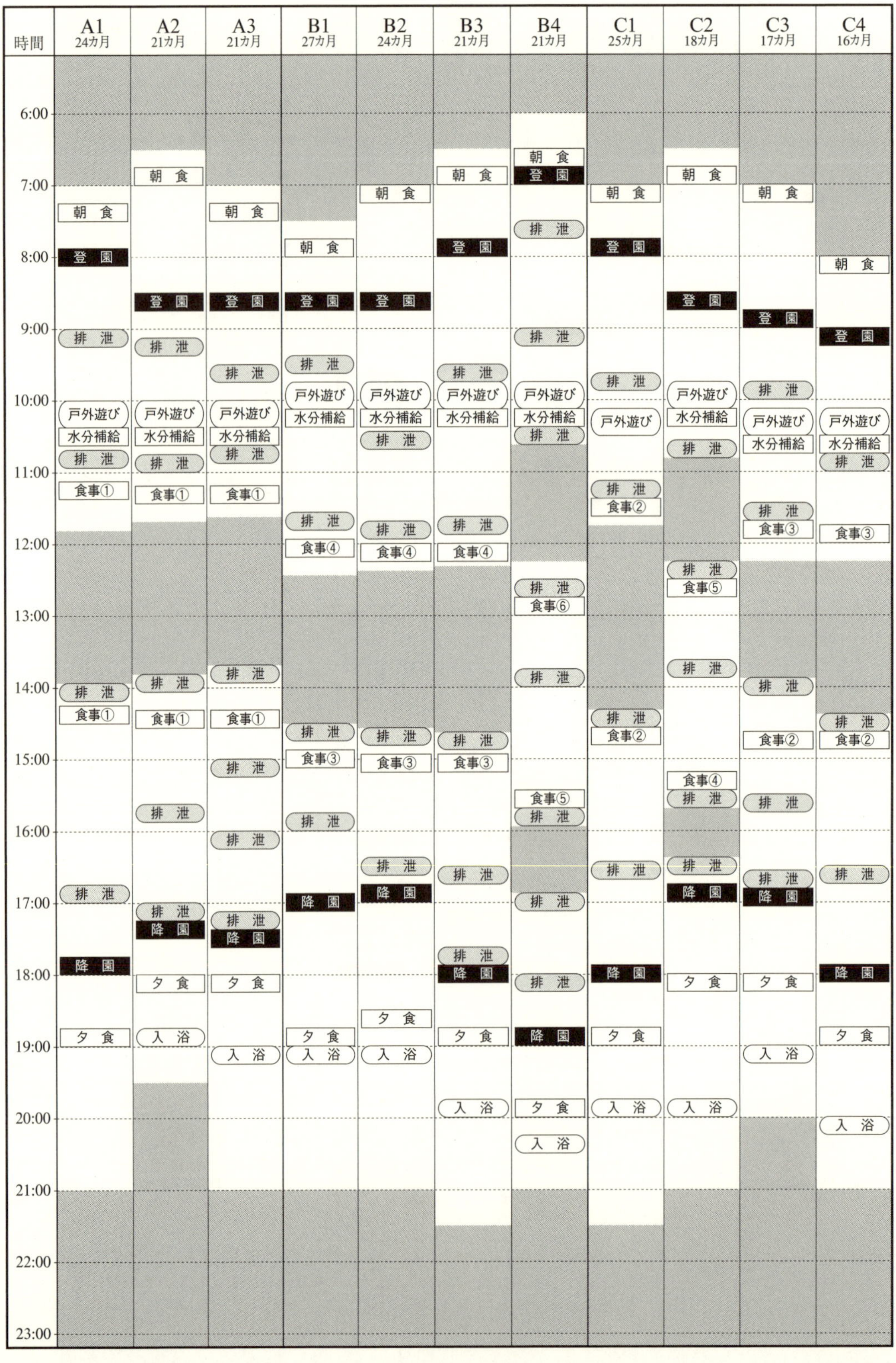

時間
6:00
7:00
8:00
9:00
10:00
11:00
12:00
13:00
14:00
15:00
16:00
17:00
18:00
19:00
20:00
21:00
22:00
23:00
A1 24カ月
朝食 登園 排泄 戸外遊び 水分補給 排泄 食事① 排泄 食事① 排泄 降園 夕食
A2 21カ月
朝食 登園 排泄 戸外遊び 水分補給 排泄 食事① 排泄 食事① 排泄 排泄 降園 夕食 入浴
A3 21カ月
朝食 登園 排泄 戸外遊び 水分補給 排泄 食事① 排泄 食事① 排泄 排泄 排泄 降園 夕食 入浴
B1 27カ月
朝食 登園 排泄 戸外遊び 水分補給 排泄 食事④ 排泄 食事③ 排泄 降園 夕食 入浴
B2 24カ月
朝食 登園 戸外遊び 水分補給 排泄 排泄 食事④ 排泄 食事③ 排泄 降園 夕食 入浴
B3 21カ月
朝食 登園 排泄 戸外遊び 水分補給 排泄 食事④ 排泄 食事③ 排泄 排泄 降園 夕食 入浴
B4 21カ月
朝食 登園 排泄 排泄 戸外遊び 水分補給 排泄 排泄 食事⑥ 排泄 食事⑤ 排泄 排泄 排泄 降園 夕食 入浴
C1 25カ月
朝食 登園 排泄 戸外遊び 排泄 食事② 排泄 食事② 排泄 降園 夕食 入浴
C2 18カ月
朝食 登園 戸外遊び 水分補給 排泄 排泄 食事⑤ 排泄 食事④ 排泄 排泄 降園 夕食 入浴
C3 17カ月
朝食 登園 排泄 戸外遊び 水分補給 排泄 食事③ 排泄 食事② 排泄 排泄 降園 夕食 入浴
C4 16カ月
朝食 登園 戸外遊び 水分補給 排泄 食事③ 排泄 食事② 排泄 降園 夕食 入浴

時間	A早番 （7:00〜15:30）	B中番 （8:45〜17:15）	C遅番 （9:45〜18:15）	パート （13:15〜18:15）	おとなの仕事分担
				●タオル濡らし ●エプロン・タオル・シャツ・おむつ片づけ ●午後食片づけ ●トイレ掃除 ●カット綿補充 ●おむつ交換台拭き ●おとなの手拭きタオル補充 ●道具消毒 ●ごみ捨て	【A早番】 ●換気 ●給湯器のスイッチを入れる ●植物の水やり ●戸外あそびの準備 ●床拭き・棚拭き 【B中番】 ●給食人数出し ●昼食用口拭きを濡らす 【C遅番】 ●残りのタオルを濡らす 〈夕方〉 ●保育室の掃除機がけ ●給湯器のスイッチを切る ●受け入れ準備 ●戸じまり、その他確認
6:00					
7:00	出　勤 分担の仕事・連絡帳 受け入れ、視診 あそびを見る				
8:00		出　勤			
9:00	A1、A2、A3、C1、C3の排泄	分担の仕事・連絡帳 B1、B3の排泄 戸外へ出る 水分補給	出　勤		
10:00	戸外へ出る 水分補給 A3、A1、A2の排泄	B4、B2の排泄	分担仕事・連絡帳 C1、C3の排泄 B担がC2を戸外に Bが戻ったらC1、C3、C4戸外		
11:00	食事準備 Aの食事	B1、B3、B2の排泄 Bの食事	水分補給 C2、C4の排泄 C1の排泄、食事 C3の排泄、食事		
12:00	〈食事時間帯〉 担当児の食事準備・排泄・食事 （食事に関わる保育士2名・あそび1名）	B4の排泄、食事	C4の食事 C2の排泄、食事 食事の片づけ		
13:00	〈午睡時間帯〉 記録・休憩・あそびを見る	B4の排泄	C2、C3の排泄		
14:00	目覚めた子から担当ごとに排泄 担当児の食事準備・食事 （食事に関わる保育士2名・あそび1名）		C1、C4の排泄 C1、C3、C4の食事		
15:00	A3の排泄・記録 退　勤	B4の食事、排泄・記録 A2、B1の排泄 A3、B2、B3、A1の排泄	C2の食事、排泄・記録 C3の排泄		
16:00		B4の排泄 A2、A3の排泄	C2、C1、C4、C3の排泄		
17:00		退　勤	B3、B4の排泄 分担の仕事		
18:00			退　勤		
19:00	副担　B1 B2 B3 B4 C1 C2 C3 C4	副担　A1 A2 A3	副担		
20:00					
21:00					
22:00					
23:00					

【2歳児クラス】子どもとおとなの1日の流れ

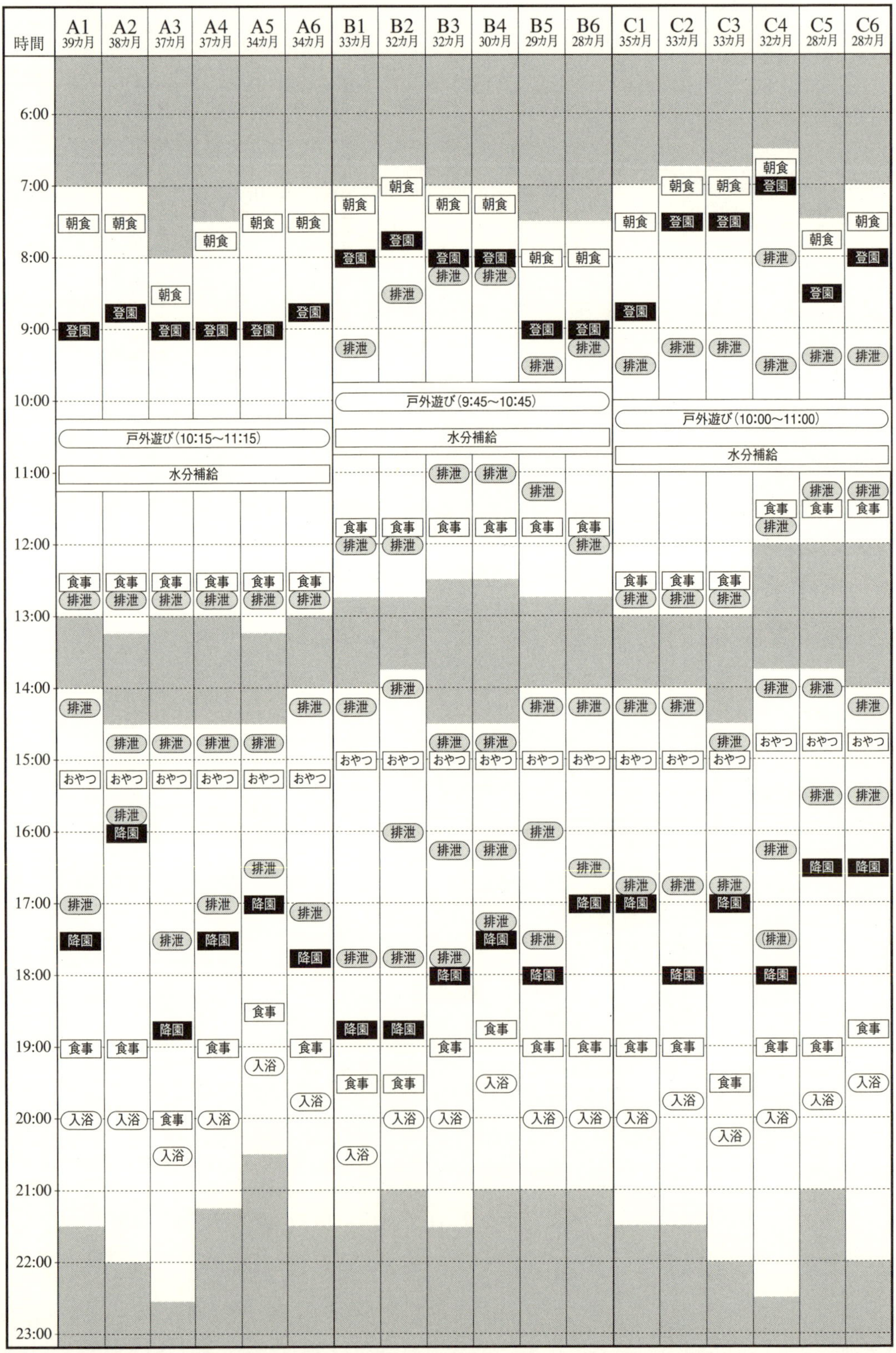

時間	A早番（7:00～15:30）	B中番（8:45～17:15）	C遅番（9:45～18:15）
6:00			
7:00	出　勤 分担の仕事・受け入れ・視診 連絡帳チェック・あそびを見る		
8:00	C4の排泄	出　勤 分担の仕事・連絡帳チェック	
9:00	C2、C3の排泄（同時） C5、C6の排泄（同時） C1、C4の排泄（同時）	B3、B4の排泄（同時）・B2の排泄 あそびを見る B1、B6の排泄（同時）・B5の排泄 担当児（Bグループ）・戸外	出　勤
10:00	あそびを見る 担当児（Aグループ）・戸外	B3、B4の排泄（同時）	担当児（Cグループ）・戸外
11:00	あそびを見る 午睡準備（B・Cのベッドなど） B1、B2、B6順次排泄	B5の排泄 食事準備 B1、B2、B6、B3、B4、B5食事（テーブル）	C5、C6の排泄（同時） 食事準備 C4、C5、C6食事 C4の排泄
12:00	食事準備（Bと交代） A1、A5、A6、A2、A3、A4食事（テーブル） Cと交代・排泄	片づけ・Aグループの手洗いをみる 午睡準備（Aのベッドなど）	食事準備 C1、C2、C3食事
13:00	分担の仕事・記録・休憩	Bグループ食後排泄 休憩・記録・分担の仕事	Bと交代・排泄 分担の仕事・休憩・記録
14:00	おやつ準備 順次、担当児着脱、排泄 あそびを見る	順次、担当児着脱、排泄 B1、B2、B6、B3、B4、B5おやつ（テーブル）	順次、担当児着脱、排泄 C4、C5、C6おやつ C1、C2、C3おやつ
15:00	A1、A5、A6、A2、A3、A4おやつ（テーブル） 分担の仕事・記録 退　勤	あそびを見る A2の排泄 B2、B5の排泄（同時） B3、B4の排泄（同時）	C5、C6の排泄（同時）
16:00		A5、B6の排泄（同時） A1、A4の排泄（同時） A6の排泄 B4の排泄	C4の排泄 C1、C2、C3の排泄（同時）
17:00		分担の仕事・記録 退　勤	A3、B5の排泄（同時） B1、B2、B3の排泄（同時）
18:00			18:15～延長保育 分担の仕事 退　勤
19:00	担当　A 副担　C	担当　B 副担　A	担当　C 副担　B
20:00			
21:00			
22:00			
23:00			

おとなの仕事分担

【A早番】
- ●換気
- ●掃除機がけ
- ●植物の世話
- ●棚拭き
- ●おやつの食器返し

【B中番】
- ●おしぼり等の用意
- ●給食人数報告
- ●トイレ掃除（月・水・金）
- ●玩具消毒
- ●コップ返し

【C遅番】
- ●おしぼり等の用意
- ●おやつ時のおしぼり用意
- ●洗濯物を運ぶ
- ●雑巾を干す
- ●戸じまり・安全点検
- ●ごみ捨て

乳児のあそびと環境づくり

－子どもの発達に応じた空間・道具の整備

乳児期のあそびの大切さ

乳児も幼児も、子どもの自然な動きを見ていると、生活以外はすべてあそんでいるのが普通です。ごはんを食べる、寝る、排泄・おむつ交換など生活の部分であるもの以外は全てがあそびといえます。私は「あそび」を、この時期の子どもにとっての学習ととらえています。子どもはあそびを通していろいろなことを学んでいきます。普段のあそびのなかで、いろいろなものに触れたり、聴いたり、見たりして五感を使う体験をしていきます。また、いろいろな動きをすることが身体の発達を促し、五感を使うことが中枢神経の発達を促します。特に乳児期は赤ちゃんから人間になっていく過程で、いろいろな機能、感覚の発達の途中段階といえるので、たとえば、その時に耳にする音についても、普通の、子どもにとって心地よい、子どもに刺激が強くない音でなければなりません。子どもにとって世界で一番美しい音はお母さんの子守唄であるといわれています。そのことを考えれば、テレビなどの強い機械音は、不自然であり、子どもが聴くべき音でないことは明らかです。

あそび全体において、こういった視点が大切です。子どもの成長の順序に応じたあそび環境が与えられることが大切なのです。

子ども自身があそぶ

子どもはおとなとあそぶのではなく、自分でいろいろとあそびをすることで、さまざま

乳児のあそびの種類と発達

		▼子どもの行為	▼子どもの発達
0歳	反射活動 (偶然)	自分の手を眺める。手・足であそぶ。声であそぶ。さわる。つかむ。ひっぱる。もつ。はなす。	(感覚と運動)3カ月までは、感覚する行為と運動が一致していない。 視覚　(2カ月)4メートル離れて動く物を追視。 (2カ月半)視覚上の集中が見られる。 (3カ月)7メートル離れて動く物も追視。 (6カ月以降)原色の区別もできる。 聴覚　(2カ月)人の声・楽器・音で運動反射が減退。 (4～5カ月)母親・それ以外の人の声の区別。 (7～9カ月)情緒的区別・悲しい・嬉しい。 手の中の物を握る　運動の協応は頭尾方向へ。
1歳	粗大運動	寝返る。這う。乗り越える。手足をかける。入る。出る。昇る。降りる。押し歩く。引いて歩く。転がす。追う。	回転・移動・体の動きの練習によって平衡感覚機能の発達を助ける(段差、低い滑り台または傾斜のあるマット)。 物を動かすことを知り、乳児の歩行の発達を助け、身体像を助ける。 自分の体の動きの移動の練習によって空間知覚機能の発達を助ける。 目と片足の協応の発達。
	探索的あそび 探索的行為	舐める。いじる。たおす。転がす。ひっくり返す。落とす。打ち合わせる。つまむ。へこませる。逆さにする。かしげる。握りかえす。手首をひねる。手足を通す(布)。ひろげる。かける。ふる。たらす。包む。クシャクシャにする。体にまとう。着せる。	物をいじることで、手・指機能と目と手の協応を促し、そのものの機能がわかるまでくりかえし試すことで、物の性質がわかる。 触覚的知覚の発達。 素材にたくさん触れることで、外界への適応能力の発達を助ける。 物を知り環境を知る力を発達させる。 物の相互の性質を知るとともに両手が使える。(両手の協応)身体像の発達を助ける。
2歳	入れたり 出したり	入れる・出す・拾う・集める・あける・はめる・入れ替える。	特定の容器に特定の物をくりかえし入れたり出したりすることにより、広がったあそび。 目と片手の協応の発達。全身運動を伴う。 数種の道具(大型の入れ物など)とより広い空間が必要。構造あそびの基本となる。 自分だけの経過・ルール・計画があり、子どもと保母にだけわかる喜びがある。
	目と手の協応のあそび 操作的あそび	型おとし・並べる・積む・箱につめる・穴に通す・飾る・同種の物を集める・揃える・ひもを通す・重ねる・ひろげる。	両手の協応・手先の器用さ・(みたて例)積木を汽車・車に。 形を知る・同一視・簡単な思考操作を発達させる。 高さ・量・比較、部分と全体の区別。
	初歩的役あそび 振る舞いの模倣	飲ませる・寝かせる・入浴させる・看病する・洗濯する・料理のまねごと・お父さんのまね。	おとなとの同化によって振る舞いを模倣し、再現してあそぶことができる。 自分以外の人格になれることで、人との話し方・声の出し方・あいさつ・自慢・すすめる・ゆずるなど表現力の基礎づくりを助ける。 言語の発達・感情の発達を助ける。 物の性質がわかり用途に沿って扱える。

なことを学んでいきます。たとえば0歳の子どもは、仰向けから首と肩を上げて視界を広げて外界を見始めます。この場合、子ども自身が外を見ようとしているのであり、おとなが見せてあげようとしているわけではありません。子どもが世界を見ようとする、そして子ども自身が自分以外の世界にあるものに触れようとしているのです。おとなは、子ども自身があそぶということを念頭において、空間や道具（遊具）を整えなくてはならないのです。

初めはいじることから

あそびのはじめの段階としては、まずいじったり、口になめたり、さわったりして感触の神経が発達していきます。子どもの最初のあそびはすべてがいじりあそびといえます。

このいじるという行為は、人間は一生を通じて行います。おとなでも、目の前にあるものが何か分からなかったり、初めて目にするものであれば、触ったり、なでたり、そして匂いをかいだりします。いじるということは、一生通じて続ける学習行動といえます。子どもは、その基本ともなる行為を通して、まず、自分以外のものを触っていくことで世界を理解していきます。

人間は他の動物に比べ、発達が未熟なまま産まれます。ほとんどの動物は産まれてすぐに、立ち上がったり移動できたりします。人間は何もできない状態から徐々に発達を重ね、人間としての基本機能である二本足歩行が可能になって、やっと自ら生活できるようになります。この歩けるまでの過程で、身体の各部の機能発達を積み重ねていきます。寝返りをうって、視界を変えるようになって、うつぶせで身体を起こす。そして這い這いしてすわれるようになりますが、その時に、両手が完全に自由になり、手を中心に使ってのあそびがはじまります。それまでは手を使うといっても、自分の体であそぶといった程度で、両手を使ってあそぶことはあまり多くありません。重心がしっかりした状態ですわり、空いた手で目の前にあるものをつかみ、近くに持ってきてあそぶのです。これには空間を認知して、視点を定めることも求められますので、将来的にスプーンや箸を持つようになる手へと発展していく基礎にあたります。

こうやって細かな動きをくりかえし、手が器用になるための練習をしていくのです。

次に探索

動ける、歩けるようになって、子どもの行動世界は一気に広がります。自らが興味のある対象まで移動できるようになりますから、そこから探索あそびがはじまります。自分以外の珍しいものを積極的に見つけて触っていこうとするのです。これまで知らなかったものがまわりにあふれているわけですから、それをどんどん吸収しようとしていきます。

探索のなかで、さまざまなものに触れる過程で、そのモノの素材、形、性質を知っていきます。ザラザラしているのか、つるつるしているのか、形は丸いのか角張っているのか。それらがわかるようになると、そのモノの用途がわかるようになります。よく転がるのか、手にしっかりとひっかかるのかによる扱い方の違いも分かっていきます。

私の園の乳児用のあそび道具はさまざまな種類のものを置くようにしています。さまざまな形、種類のモノを豊富に置くようにしています。また、同じ布でもさまざまな材質のものを置くようにしています。なぜかというと、あそびを通して自分の身体の機能を発達させ、自分以外の外界にはどんなものがあるのかを知る、つまり子どもが社会を知っていこうとしているからです。

自分の身体像をつかむ、自分以外のものを知る、そしてモノとのいい関係を築いていく。これらの基礎にあたるのがこの時期であり、このことをしっかりと学んでから幼児の段階に上がれば、さまざまなあそびができるようになります。

０～２歳の頃は、そのための「体験の貯金期間」といえるのではないでしょうか。

最終目標にむかって

子どもたちは乳児から幼児になって、そしていずれは学校に行きます。その後も含めて、最終的には自分のことは自分でできるようにならなくてはいけません。「自立」が最終目標です。まずはその基礎ともいえる、自分の体のいろいろなところを思い通りに使いこなせるようになるための機能練習があそびにあたります。まずは、スプーンがちゃんと自分で使える、靴が自分ではける、靴下がはける。それらがきちんとできるようになるために、腕に輪を通してあそんだり、リングを足に通したり、布を頭からかぶったりといったあそびをすることが大切です。そして、成長するにつれて、人格を学び、社会性を身につけていくことになるのです。

０～１歳に自分と自分以外のモノを学んでから、２歳ぐらいになると、おとなとの関係をあそびに持ち込み始めます。模倣あそびのはじまりです。自分がおとなからしてもらったことを人形にしてあげたりするようになるのです。０歳の７～８カ月の頃、そして１歳の頃に見られるのは、同じ模倣でも循環模倣といわれるものです。たとえば、おとなが

「アワワワワ」「いないいないばぁー」とやった時に、その場で真似をします。しかし、記憶力、保存能力が発達してくると、おとながこうしていたな、自分はこうされていたなということを思い出してするようになります。あそびのなかでは初歩的な世話あそびがそれです。

子どもは2歳ぐらいになれば自分以外の人がいるということが分かるようになります。それまでは自分一人であそぶのが中心ですが、このあたりから自分以外の「人」とあそぶ体験が求められます。私はそのためには人形があるのがよいとこれまで言ってきました。それは、子どもが自分以外の人格になってあそぶという練習を積んでおかないと、自分以外の人のことを考えられないと思うからです。その際、ただの人形ではモノと同じになりますから、その人形に名前をつけることが大切です。名前をつけることで、人格が人形にも宿ります。ちがう人格を身近におくことで、子どもは自分がお母さんになって模倣あそびを人形に行います。そういった練習がたくさん必要で、そうやって心のコントロールをしていくようになるのです。

子どもはモノ・人との関係を、あそびを通して知っていきます。どのようにすれば世の中にあるモノ・人と子どもがいい関係をつくりあげられるのか、そういったことを目標として子どものあそびを考えてあげたいものです。

発達に合ったあそび環境

充実したあそび環境を整えるためには、最低限を保障する道具がないといけません。豊富な道具を整えてあげることは子どものあそびを豊かにしてくれます。道具があれば、子どもはモノに気持ちが向かっていきます。モノへ気持ちが向かい、自分であそびを重ねていくことができるのです。そこにおとなしかいなければ、気持ちはおとなに向いてしまいます。子どもは道具を通してモノの名前、性質、用途を学びます。道具を扱うことによってモノとモノとの関係を学びます。道具であそぶことによって、人とモノとの関係を学びます。そして、道具を通して人と人との関係も学んでいきます。

しかし、道具がたくさんあればそれでよいというわけではありません。月齢、年齢、その子どもの発達に合った、発達を促すことのできる道具を整えてあげることが必要です。そして、おとなが常に考えておかなければいけないのは、その道具を使って子どもが主体となってあそぶことです。育児行為もそうですが、0歳の時から常に自分でするという気持ちを育てるようにしていかなくてはなりません。子ども自身が食事に向かう、子ども自身があそびに向かう、その意欲をおとなは育てなくてはいけません。この時期から自らあそぶということを分かっていなければ、幼児になったとき、学校に上がったときに、本当に主体的にあそべるようにならないのではないでしょうか。

（０歳児）　０歳は歩くまでの期間とみて、その子どもの運動発達を促す道具が必要です。首がすわる、座れる、立てる、歩けると、重心がどんどん下に向かってきます。そのための、自分の身体の平衡感覚を養えるものを環境のなかに整えていく必要があります。また、おとなは子どものそばにいつも座り、安心感をあたえるようにします。そして普段は一人でのいじりあそびが主なのでいろいろな形、いろいろな色、いろいろな材質（やわらかいもしくはかたい)、いろいろな音の出るものなど、いじりあそびに必要なものを用意して、いつでも子どもが手をのばし、あそべるように助けます。その際、口に入れたりすることが多いので、洗ったり消毒がしやすいモノ、そして飲み込みなどを防止するために細かすぎないものを整える必要があります。想像以上に大きなものを口にいれることがあるので、十分に注意する必要があります。

（１歳児）　１歳になって歩けるようになると、探索あそびがはじまります。ですからたくさん動いてあそべるような空間をつくる必要があります。子どもの近くにたくさんの道具を置くのではなく、動いて、歩いてあそぶような環境づくりが求められます。子どもの身体の動きをおとなが意図的に止めてしまうような環境にはしないようにします。０歳のころは自分自身が入ったり出たりということがありましたが、この時期には、自分の姿勢も安定させることができるので、手先を器用に使ったモノを入れたり出したりといったあそびが中心になっていきます。手を使って入れたり出したり、そして道具を使って入れたり出したりと展開していくので、バリエーションを豊かにしてあげることが大切です。また、この時期は道具の量が重要でもあります。子どもは自分のまわりに道具を集めますので、一人ひとりの子どもに十分な道具の量と空間をつくってあげることが求められます。

（２歳児）　２歳は０～１歳の学びをもとに、おとなの模倣あそびに発展していきます。これまでにあった、行為自体をくりかえして楽しむ体験を生かして、その行為に意味づけができるような段階になって、すべてのあそびに目的が生まれ、規則もできてきます。おとなの動きにも注目して、その細かい動きも真似しようとするので、そのための細かい動きがあって、子どもが扱いやすい道具を増やす必要があります。料理をつくったり、お風呂の世話をしたり、お医者さんの模倣があったりと、そういったあそびができるような環境が求められます。また、個人を大切に扱うことがおとなには求められ、話し方、声、説明の仕方に気をつかわなくてはなりません。

豊富に道具を整えることは、おとながしっかりと子どもを見てあげられるということにもつながります。担当制で一人ひとりを大切に育てるといっても、おとなと子どもが１対１になり、常に援助してあげられるわけではありません。子どもが道具を使って自分であそんでくれることで、本当に関わってあげなければならない子どもの相手を丁寧にしてあげることができるのです。

主役はいつでも子ども

おとなは子どもに道具を与えてただ見ていればいいのでありません。おとながしっかりとその道具を使ってあそぶモデルを示す必要があります。同じ道具でも全然違うあそび方をする子どももいます。常にこうやってあそぶという方法が決まっているわけではありませんし、子どもが自由にあそぶことが良いのですが、時にはおとながこんなふうにあそんだらもっと楽しいよというモデルをそっと示してあげることが大切です。子どもは柔軟にそれを吸収してまた違う段階へと発展していきます。

その際、モデルを示すためにおとながいっしょにあそんであげたときには、いかにそっと抜けていくかが問われます。おとながいっしょにあそんで、抜けた後にそのまま子どもがあそび続ければ大丈夫ですが、すぐにやめてしまうようであれば、それは子どもがやりたかったあそびではないということです。子どもはその道具であそんでいるわけではなく、おとなとあそんでいただけのことです。このあたりを勘違いしてしまうと、豊富な道具を使っておとなが一生懸命あそんでしまうだけに終わってしまいます。こういった間違いは、子どもが本当に興味をもって、意欲的にあそびたいもののモデルをうまくおとなが示せないときに起こります。そのあそびが子どもにとって課題が低すぎるか、高すぎるかのどちらかになっていることが多いようです。

おとながいっしょにあそぶ意味

道具以外に、おとなが情報を与えないとできないあそびがあります。わらべうたなどがそうです。記憶、保存能力がある程度発達してきた段階で、まずおとなが子どもにしてあげて、そして子ども自身が楽しみ、その楽しみを人形、お友だちにしてあげるようになるのです。おとなはこの時もどのようにそのあそびから抜けるのかが大切です。いつまでも子ども相手にしていたのでは、子どもは常におとなといっしょでなければあそべなくなります。同じ子ども相手に続けるのではなく、人形にしてあげるモデルも示します。そうすれば常におとなに向かってくるような状況にはなりません。１歳のクラスなどでは、やはりまだ情緒も安定していないこともあるので、おとなに向かってあそぶということもありますが、２歳ぐらいになれば、人形相手に自らがあそんであげるということができるようになります。これは絵本についても同じことがいえます。おとなから子どもへの読み聞かせばかりでなく、それをいつか子どもが自分で本を読んだりできるようになる、そして他の人に読んで聞かせることができるようになることを考えた助けが求められます。しかし、誤解があると困りますので附言しますが、子どもがおとなに「読んでほしい」と言う間はおとなが読んであげなくてはならないことはいうまでもありません。

あそびを通しての問題解決

よくあそびの中でお友だち同士のトラブルが発生します。この時には、子どもがトラブルを解決するためにどういった言葉をかけるのかが問われます。おとなが解決するためにどう対応するかではありません。子どもが問題を解決できるようにしなければならないのです。

たとえば積み木の取り合いがあって、取られた一人が泣くとします。この時に、積み木を取った子どもも、取られて泣いた子どもも大事にされているという解決の仕方をする必要があります。肯定的な支援が前提にありますが、この時の“肯定的”というのも、おとなが肯定的な発言をすることだけでなく、子ども自身が肯定的に物事を解決できるようになるために、おとながどのような言葉がけをしていくかを考えることなのです。禁止語を使ってはだめ、否定的な発言をしてはだめとよくいいます。もちろんだめなことですが、それ以上に心に留めておいてほしいことは、子ども自身が肯定的に物事を解決するためにどういう言葉をかけるかであり、それが本当の肯定的支援といえるのではないでしょうか。この積み木の取りあいの例をあげれば、取られて泣いている子どもばかりが大事にされているのが現状です。「どうしたの？だいじょうぶ？」と泣いている子におとなが声をかける。でもこれではどちらも大事にされているとはいえません。本当に助けが必要なのは、積み木を取って泣かしてしまった子どもです。この子に対してどう対応していくのか、そのことを考えながらおとなは援助していかなければなりません。

また、２歳ぐらいになると、その子どもなりのストレスが表に出たりすることがあります。特に家庭環境の問題などが、外への攻撃となっておもちゃや人にあたるようになったりもします。そういった意味でも人形は、なくてはならない道具の一つといえます。人形を乱暴に扱ったりすることがありますが、そんな時おとなは子どもに「そんなことしたら○○ちゃんがかわいそうだよ」などと言ってしまいます。これも一概によいこととはいえない場合があります。

その子どもには人形を乱暴に扱うだけのストレスや心の問題をもっているという事実を見つめることが大切です。同じ行為をお友だちにしてしまえば、トラブルになってしまいますが、人形はどんなことがあっても我慢してくれます。その子のなかでいろいろなストレスがあって人形にあたっているということを考えなくてはなりません。子どもに「何でそんなことするの？」というのではなく、人形に「痛かったね、でももう大丈夫だよ」と語りかけてあげます。自分に向けられるのではない、そのおとなの対応を見た子どもは、「ああ、悪いことをしてしまったな」と感じてくれるだけでいいのです。

あそびの空間づくり

朝、園に来てから、子どもが誰と、何を、どこで、どのように、どれぐらいあそぼうとも自由です。さまざまな道具を使って自由にあそびます。積み木あそびの場所で、たまに積み木を電話にみたてて模倣あそびをはじめることもあります。そのままそれを持って、他のところに行ってあそぶこともあります。このことは子どもが決めることなので、自由にしてあげることが大切です。

ただし、部屋の空間づくりとして、あそびの種類が同じものは、同じ場所においてあげることが必要だと思います。できれば積み木の構成あそびと世話あそびの場所は混ざらないほうが、子どもも集中できます。操作あそびも混ざらないように、机などを用意してあげたほうが子どももじっくりとあそべます。

片づけの習慣のためにも、最終的に積み木はこの場所に置いておけばいいということを子どもが分かるようになってくれればよいのです。子どもは、おとなの言うことをするのではなく、おとながしていることを真似します。元にもどす、片づけるということも習慣となっていきます。この道具はここに戻すということが分かってくれれば自分でもそのように行います。また、あそび方が違うさまざまな道具が、それぞれ決まった場所にあることをわかっていくことで、子どもに秩序感が生まれていきます。子どもにある一定の秩序感がともなうように、空間をつくってあげることが大切なのです。

0歳児　反射活動（さわる、つかむ、ひっぱる、もつ、はなす）

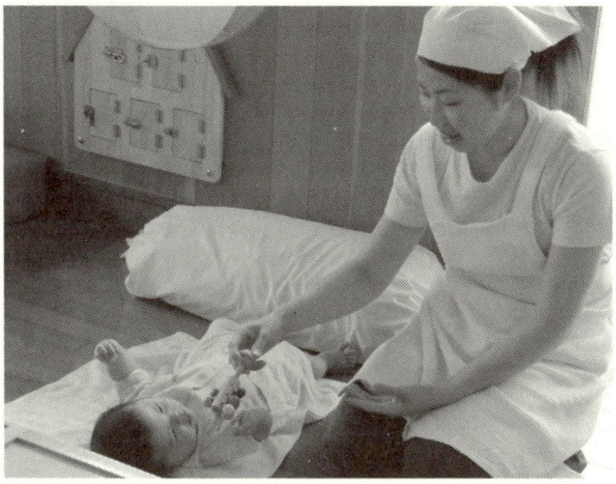
おとなにあやしてもらう

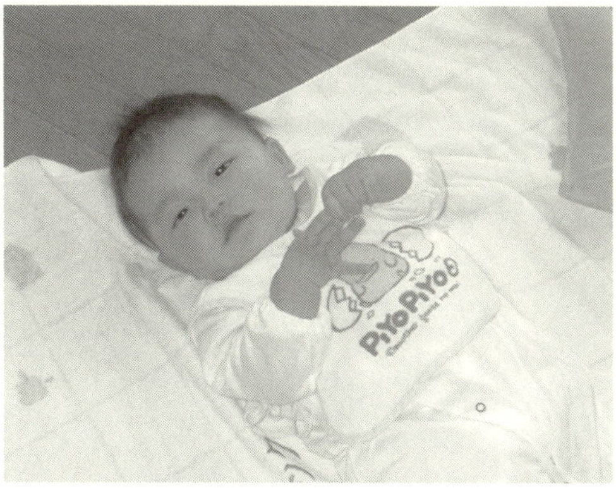

自分の手であそぶ

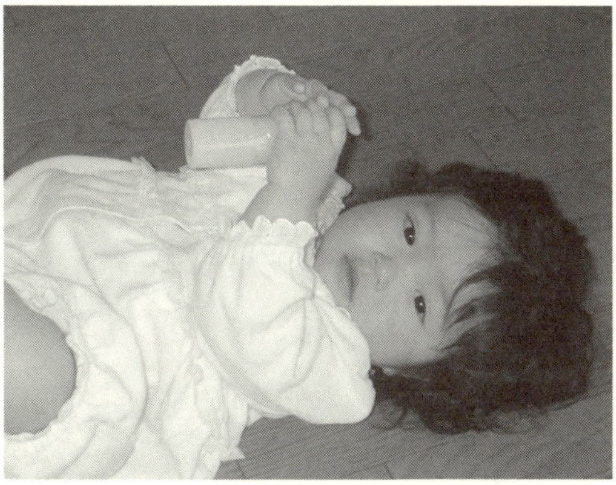
フィルム・ジャラであそぶ。音を聴く、ふる

ずり這いで、興味のある、吊り玩具をつかみ、引っぱってあそぶ

ハイハイで興味のある道具まで行き、いじってあそぶ

0歳児　粗大あそび

トンネルの中をずり這いで移動

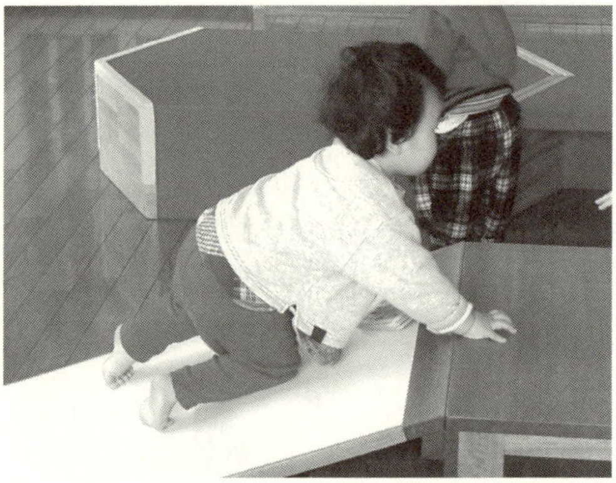

坂を這い這いでのぼる

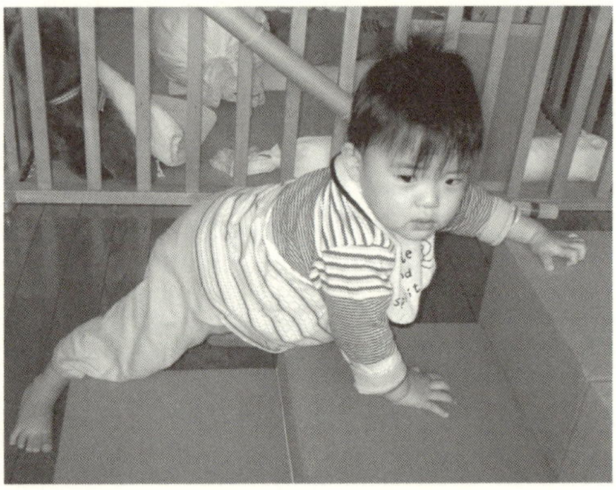

段差のあるところを這い這いでおりる

伝い歩きの時期の子どもが、自分のペースで押し箱を使って歩いている。歩行前（よちよち歩き）

0歳児　探索的あそび

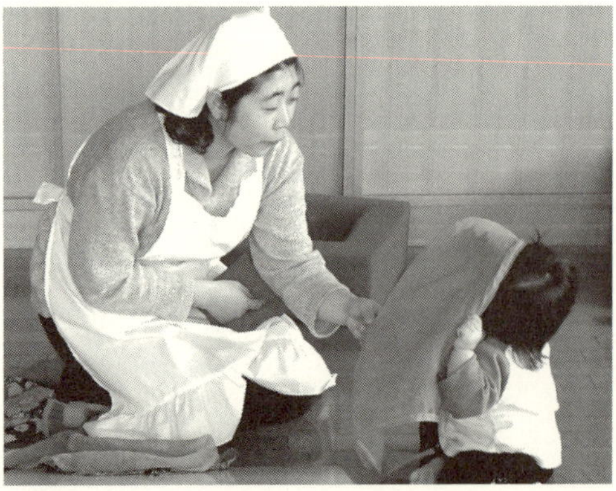

いないいない、ばぁー

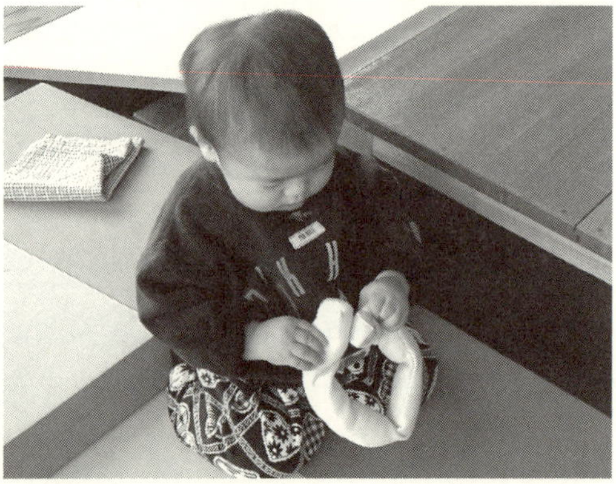

布棒を丸める、つける

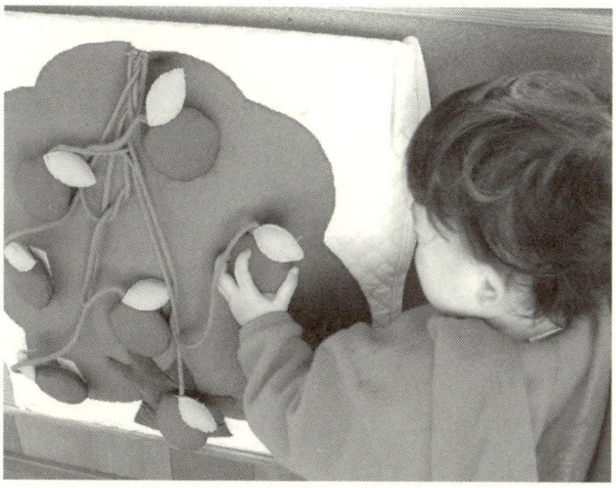

リンゴをマジックテープのついているところへつける

キーＢＯＸをいじっている。カチャカチャ音を出すが開けることは、まだ、練習中。

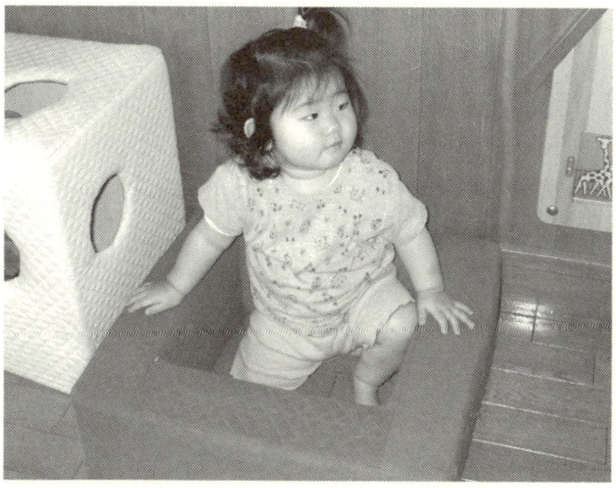

牛乳パックサークルに入ったり出たり

布ロールを引っぱっている

0歳児　入れたり出したり

壁についている道具。落とす、引っぱるあそび

細長い器に入れる口の小さいところへ両手でチェーンを調整しながら入れる

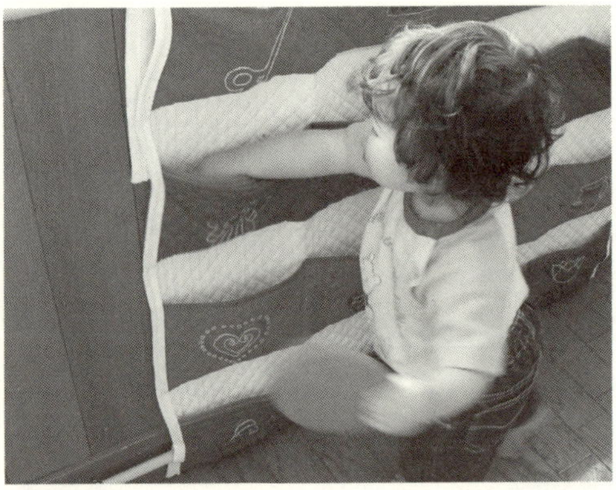

ポケットの中にフェルトせんべいを入れる。中に入っているものを出す

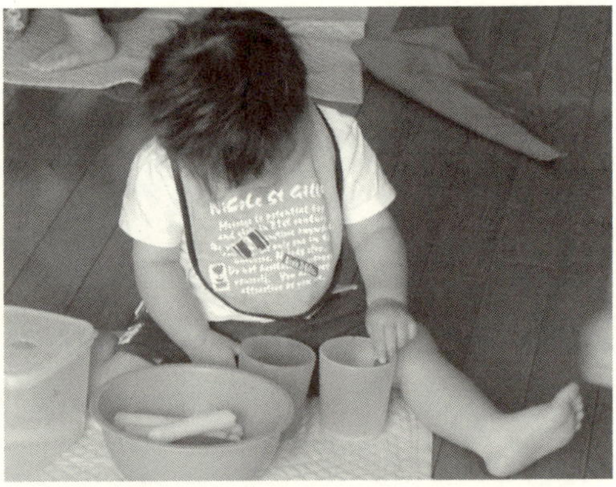

コップの中に変形お手玉を入れる

1歳児　粗大あそび（昇る、降りる、引いて歩く、乗り越える、運ぶ）

牛乳パック積木を並べて、その上をバランスをとって歩く

ウレタン積木を高・低に並べ、歩く登る

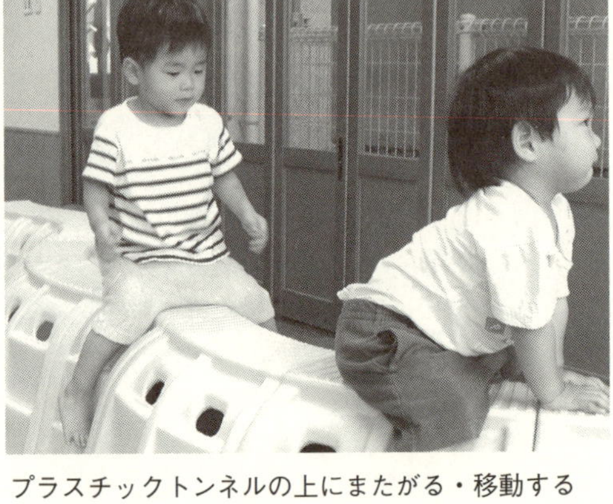

プラスチックトンネルの上にまたがる・移動する

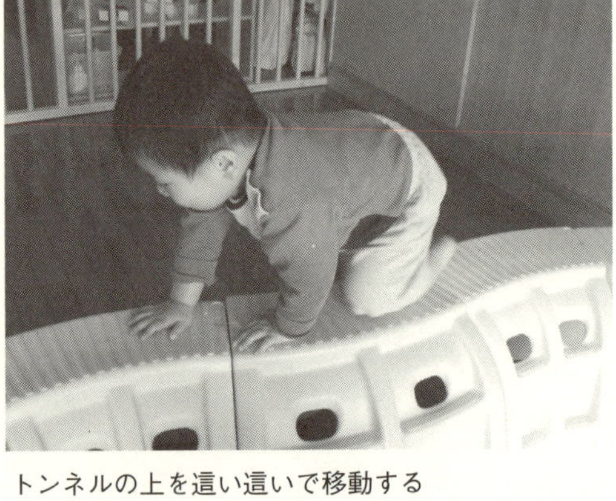

トンネルの上を這い這いで移動する

トンネルの中を這い這いで移動して、通りぬける

箱の中に物を入れて引っぱって歩く

組み合わせたベンチの中に入る、出る

ビリボにのぼる、飛びおりる

ビリボにすわる

ビリボでくるくるまわる

1歳児　目と手の協応

器から器へ。道具（レンゲ）を使っての移しかえ

丸い筒と、かまぼこ板積木を組み合わせて積んでいる

かまぼこ板積木でトンネルと道をつくっている

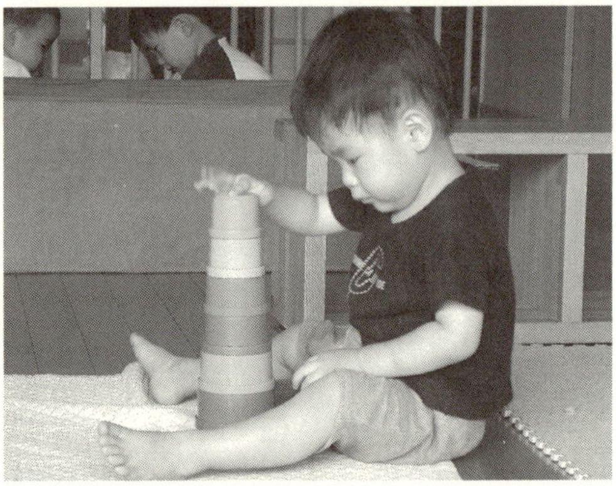

重ねカップを積み上げる

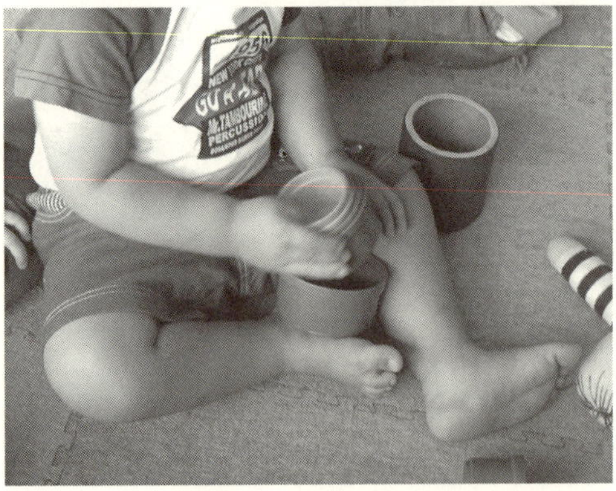

重ねカップを反対に中に重ねていく

フロリーナ（小）を板の上に並べる

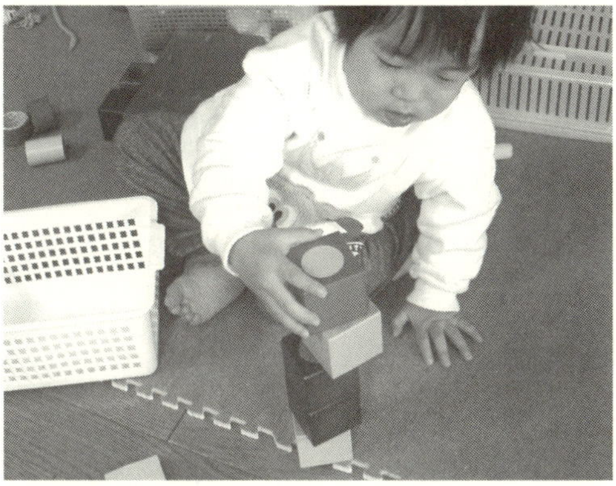

リグノ積木を積む

長いチェーンで丸く輪をつくり、その中にくるくる巻いた小さい丸を入れる

1歳児　探索的あそび

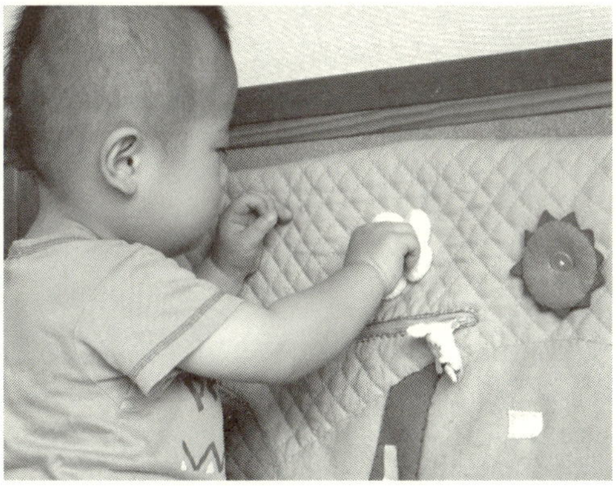

ボタンをはめたり、マジックテープでとめたり

キー・ハウスのカギを開けたり、閉めたり

色板を型を組み合わせてあそぶ。出来たものに、保育者が「○○みたいネ～」と名前をつける

ミルク缶積木を並べてたたく

1歳児　入れたり出したり

いろいろな素材の物で移しかえてあそぶ。コップにチェーンリングを入れたり、移しかえてあそぶ。

入り口のせまい入れ物にチェーンリングを調整して入れる

器を並べてチェーンリングを入れていく

2歳児　粗大あそび（飛び降りる、積木の間・椅子の上を歩く、わたる）

積木と積木の間を自分の体をコントロールしながら歩く

積木から積木をわたることができる。積木（30㎝）の高さから飛びおりる

2歳児　目と手の協応、操作的あそび

フェルトを色を合せて、マジックテープでとめ長くする。輪にするあそび

フェルトのボタンはめ、ボタンをはめてつなぐ

フロリーナをつなぐ、並べる。できた物には名前をつける

ウッドビーズのひも通しあそび

花はじきとフロリーナを交互にひもに通す

ジーナボーン積木を積む

かまぼこ板積木を並べて、道をつくる。その上をバスが走る

ジーナボーン積木で動物園をつくる

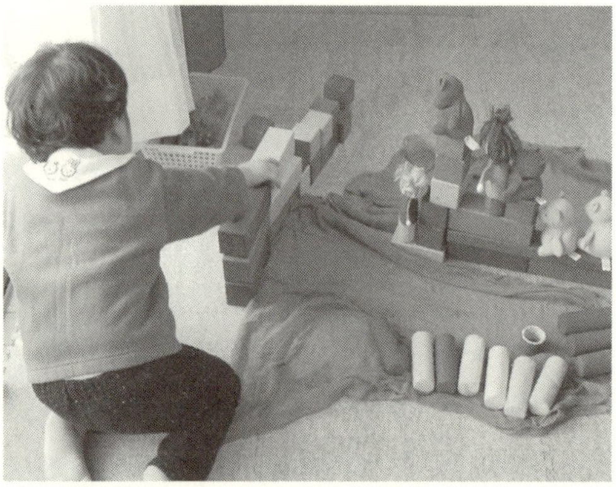

動物園をつくって、あそんでいる

ミッキィの汽車であそぶ。信号、駅、トンネルも自分たちで作る

パズル（乗り物）をしてあそぶ

2歳児　初歩的役あそび

料理をつくる

食べる

人形に食べさせる

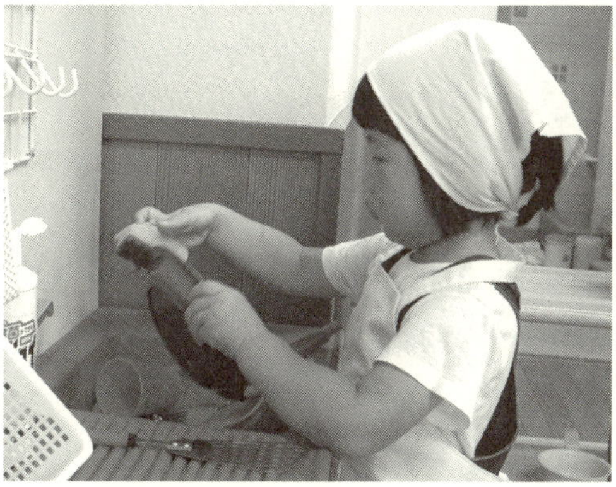

片づける（洗う）

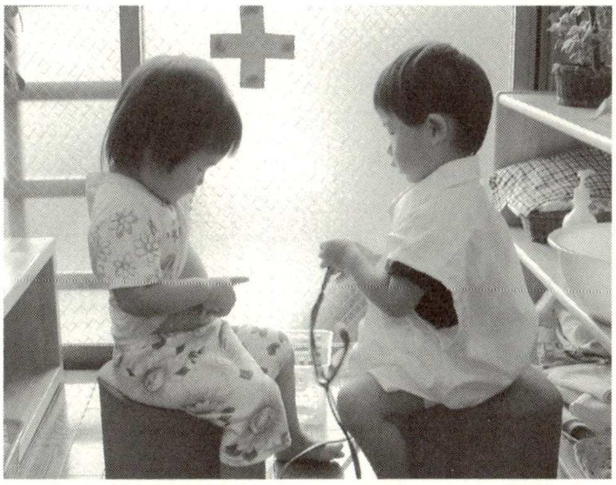

内科健診の後、病院ごっこあそび

バスに乗って、おでかけする

人形をお風呂に入れて体を洗う

人形の看病。
熱があるので、おでこを冷やす、水分補給をする

人形の着替（世話）

ドレッサーの前で人形の髪をとかす

2歳児　絵本

おとなに絵本を読んでもらう

友だちと一緒に絵本を見る

おとなの模倣で、絵本を読んであげる

2歳児　わらべうたであそぶ

友だちとわらべうたであそぶ

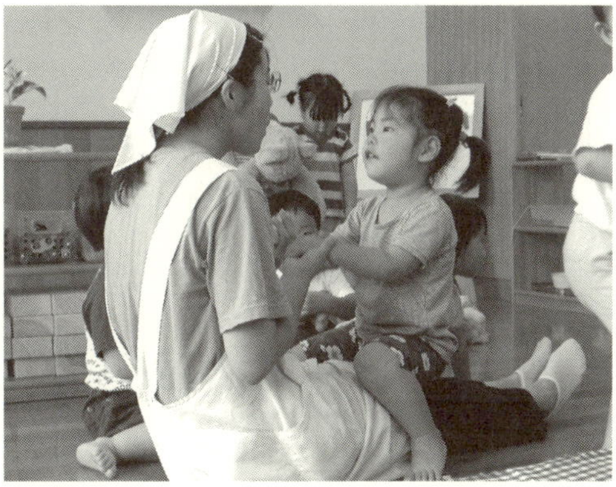

保育者にわらべうたであそんでもらう

人形にわらべうたをうたってあげてあそぶ

わらべうた（ミニ集団であそぶ）
役の交代ができる

道具を使って、わらべうたであそぶ

保育者がしてあげると、子どもはすぐ模倣して、自分たちであそぶ

2歳児　描画

握りクレヨンでなぐり描き

乳児のあそび道具一覧

子どもは道具を通してモノの名前、性質、用途を学びます。道具をあつかうことによってモノとモノとの関係を学びます。道具であそぶことによって、人とモノとの関係を学びます。そして、道具を通して人と人との関係も学んでいきます。

大事なことは子どもの発達に合った、そして発達を促すことのできる道具を十分な数だけ整えてあげることです。

私の園では、子どもの行為・発達に合わせた機能をもった道具を、できるかぎりたくさんの数と種類を揃えるようにしています。販売されている道具・遊具を購入することはもちろん、手づくりで用意することもあります。

子どものあそび別、そして参考としての対象月齢別にまとめました。

つかむ・ふる・追視

子どもの行為
- つかむ
- ふる
- 追視する

発達するもの
- 動くものを追視
- 色の条件反射も形成される
- 視覚上の集中も見られる
- 音や人の声に反応する

道　具
- ベビーボール

(2〜4カ月)

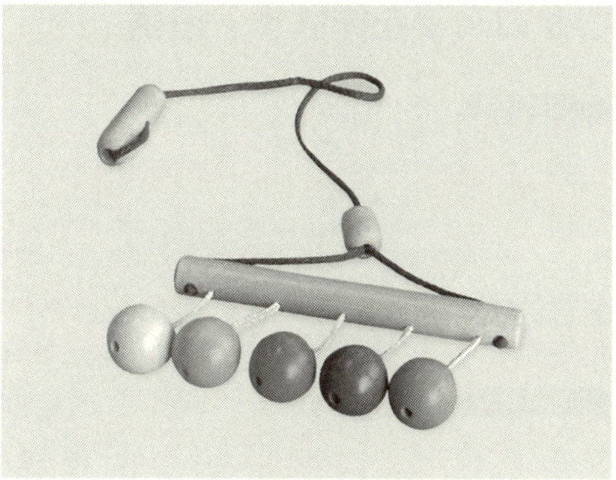

上体を上げる

子どもの行為
- うつぶせで両腕を伸ばし、上体を上げる

発達するもの
- 腕力・肩・背筋（3〜5カ月）

道　具
【手づくり】
- ロールクッション

ワンポイント
- バリエーション“ジャンボクッション”……不用毛布などを巻いてカバーをする。足元に置いてつま先でクッションを蹴る、またぐ、乗り越える

(3カ月〜)

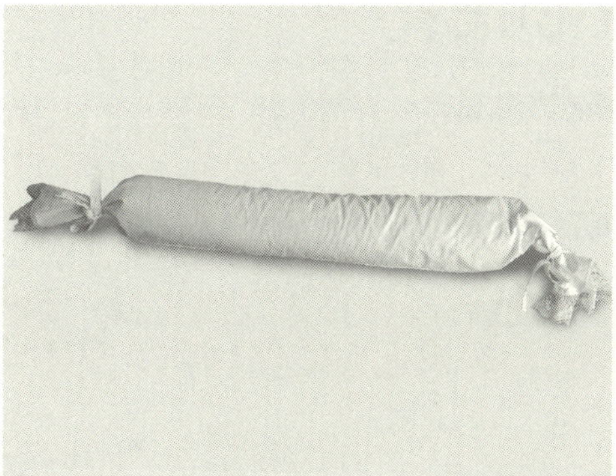

にぎる・ふる・なめる

子どもの行為
・にぎる
・ふる
・なめる

発達するもの
・感覚への刺激
・感覚する行為と運動が一致しはじめる

道　具
・リングリィリング

(4カ月頃〜)

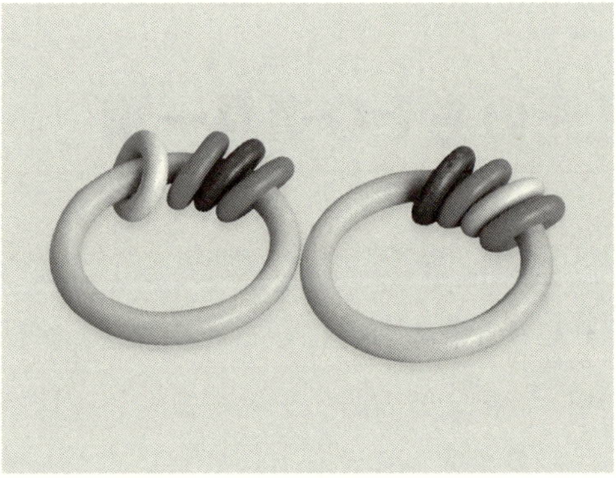

にぎる・ふる・なめる

子どもの行為
・にぎる
・ふる
・なめる

発達するもの
・視覚、触覚、聴覚
・感覚する行為と運動が一致する

道　具
・ドリオ

(5カ月〜)

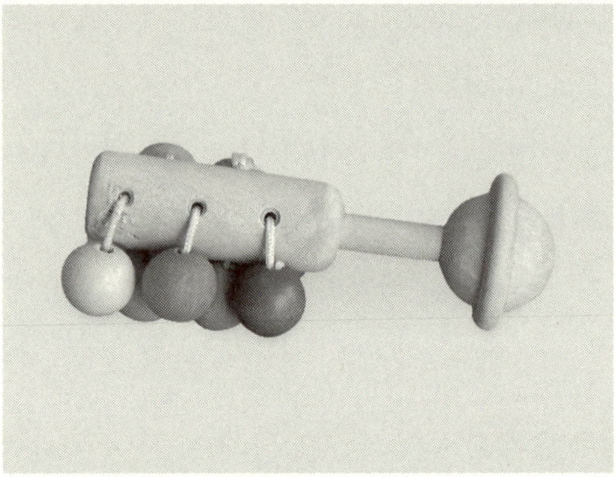

つかむ・手を伸ばす・追視

子どもの行為
・つかむ
・体をねじる
・追視する
・足を上げる
・ふる
・手を伸ばす

発達するもの
・感覚への刺激　視覚、触覚、聴覚
・姿勢の移動（方向転換）

道　具
・ミュージカ

(5〜8カ月)

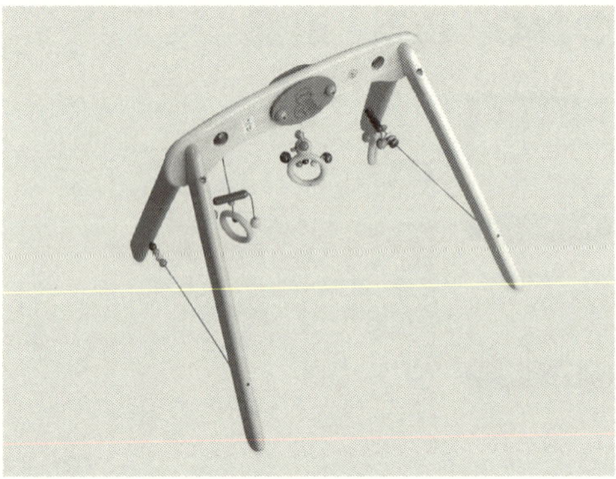

いじりあそび

子どもの行為
うつぶせ姿勢で、
・つまむ
・引っ張る
・なめる
・ピボットターン

発達するもの
・視覚、触覚、聴覚
・方向転換（姿勢の移動）

道　具
【手づくり】
・キルティングマット
・マットのふちにビーズなどをとめる

(5〜8カ月)

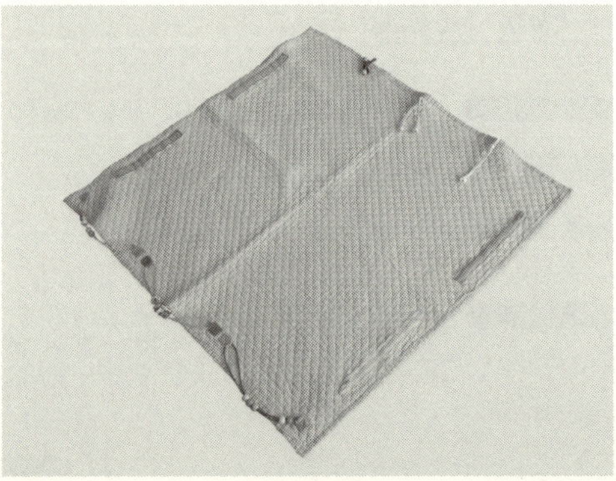

音を出す・ふる

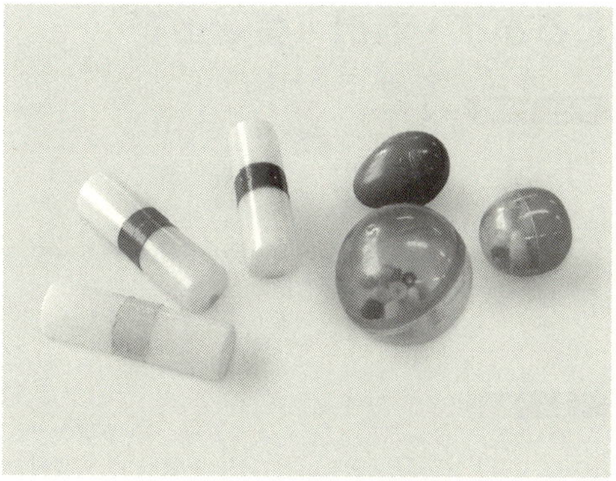

子どもの行為 ・片手で、または両手に持って音を出す

発達するもの ・触覚、聴覚

道　具 【手づくり】
・薬ビン、プラスチックケース（手に持ちやすい大きさのもの）にビーズやペレット、豆類、ボタン類などを入れたもの
＊はずれて中身が出ないように点検をこまめにすること

ワンポイント ・フィルムケース２コをつなぎ合わせてビニールテープでとめているので、消毒に注意する

(6カ月～)

いじる・ひっぱる

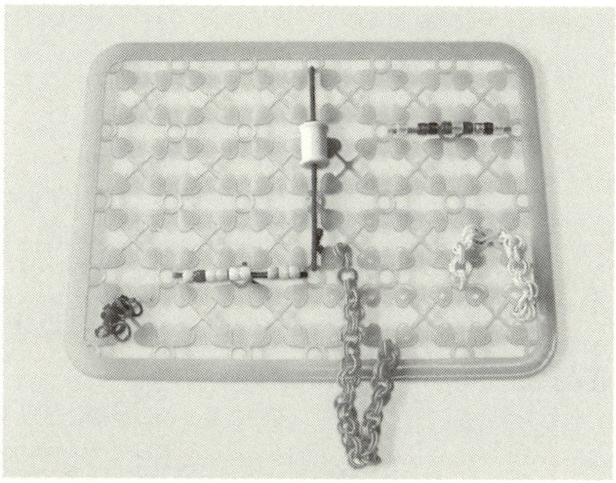

子どもの行為 ・いじる　・なめる
・引っ張る

発達するもの ・感覚への刺激

道　具 【手づくり】
・台所用品にビーズを通したゴムや糸まき、チェーンリングなどをつけたもの
・サークルにも取りつけやすく、そのまま自由に持ち運びができるのが特徴

ワンポイント ・うつぶせ姿勢であそぶ時の道具に用いる

(4カ月～)

サークル

子どもの行為 ・サークルの中……低月齢があおむけで、またはうつぶせで寝る。ピボットターン、グライダーポーズをする。サークルに取りつけたものをいじる、ひっぱる、なめるなど
・サークルのまわり……伝い歩きをする。立ち姿勢であそぶ

発達するもの ・運動発達
・情緒

ワンポイント ・運動発達の差が大きい０歳児の個々の空間を保障する

(2～15カ月)

入れたり出したり・わしづかみ・つまむ

子どもの行為 ・入れものから入れものに移しかえる（わしづかみで、またはつまんで）

発達するもの ・目と手の協応
・量の認識
・空間認知

道　具 【手づくり】
・チェーンリングとボール

ワンポイント ・必ず容器を２つ用意する

(7・8カ月～)

ころがす・追視・音を出す

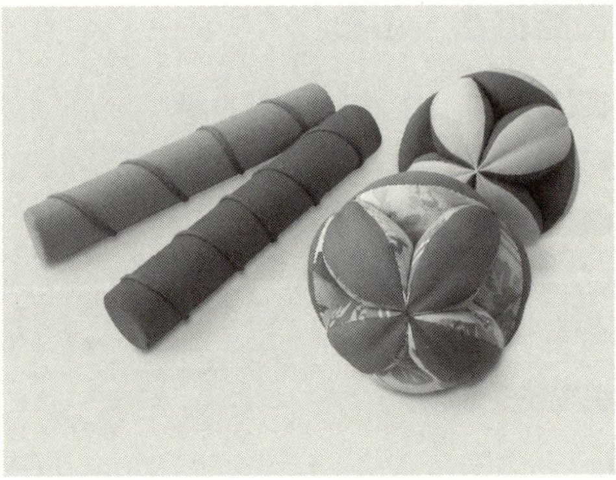

子どもの行為
・ころがす
・追視する（自分でころがして、またはころがったものを）

発達するもの
・追視
・物を動かすことを知り、歩行や這い這いなどの移動運動を助ける
・自分の体の動きの移動練習によって空間知覚機能の発達を助ける

道　具
【手づくり】
①ラップ芯にビーズやペレット・豆類などを入れてフタをし、フェルトで巻き、カラーロープでアクセントをつけたもの。ころがすとカラーロープがうずまき状に動く
②布ボール

（7カ月〜）

人形

子どもの行為
・抱く
・抱いて歩く
・寝かせる

発達するもの
・言語、感情の発達
・話し方、声の出し方、あいさつ、など
・表現の基礎の発達

道　具
・ジルケくま・うさぎ（大）（小）
・手づくりくま……不用のトレーナーやセーターを利用して、中に化繊綿を入れたもの

（8カ月〜）

つまむ・入れたり出したり

子どもの行為
・指先でつまんで入れる（片手で、または両手でたくし上げて）

発達するもの
・目と手の協応　　・量の認識

道　具
【手づくり】
・チェーンリングと穴あきタッパー

ワンポイント
・チェーンリングの長さは短いものから長いものまでいろいろな長さがある。子どもの能力に合わせて出す
＊チェーンリング以外で、ビーズをひもに通したものや、チェーンも可。穴の大きさもいろいろ

（9カ月〜）

入れたり出したり

子どもの行為 片手で、または両手で、
- 布を入れる（押し込む）
- わしづかみで、または指先でつまんで引っ張り出す
- 布を続けて引っ張り出す

発達するもの
- 目と手の協応

道　具 【手づくり】
- ミルク缶に布を巻いたもの。口はゴムを入れて、子どものこぶし大までしぼっている

ワンポイント
- 布は３原色（赤・青・黄）を中心に原色を用いる方が、子どもが注目しやすい。つなげると長くなり、次々引っ張り出てくるおもしろさがある
- わらべうたに合わせて引っ張り出すのも楽しい

（9～12カ月）

入れたり出したり

子どもの行為
- 入れたり出したりする

発達するもの
- 目と手の協応
- 量の認識
- 触覚や視覚などの知覚を促す

道　具 【手づくり】
- お手玉（ペレット入り）
- フェルトチップ（フィルムキャップにフェルトでカバーしたもの）
- 歯型つきプラスチックプレート（フロリーナ）
- フェルトせんべい（ミルク缶のフタにフェルトでカバーしたもの）
- 穴あきタッパー（フタに大小の穴や細い穴のあいたもの）

ワンポイント
- 素材や色を豊かに取り入れる

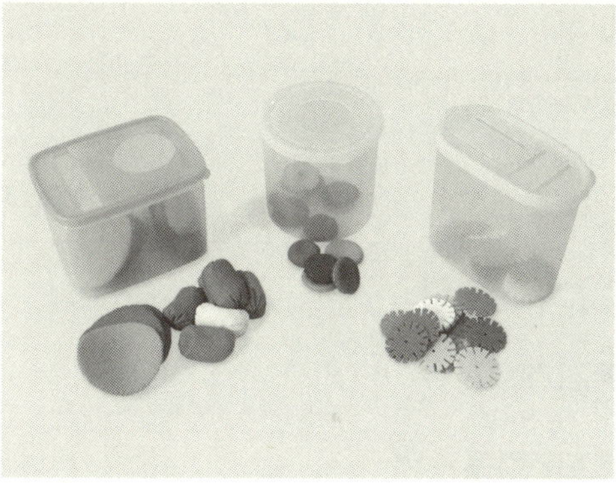

（10カ月～）

型おとし（問題解決あそび）

子どもの行為
- 形を合わせて穴に落とす
- フタをあけてとり出す

発達するもの
- 目と手の協応
- 形の認識

道　具
- ポストボックス

ワンポイント
- 一番初めに解決できるものは丸い形である

（12カ月～）

重ねる・積む

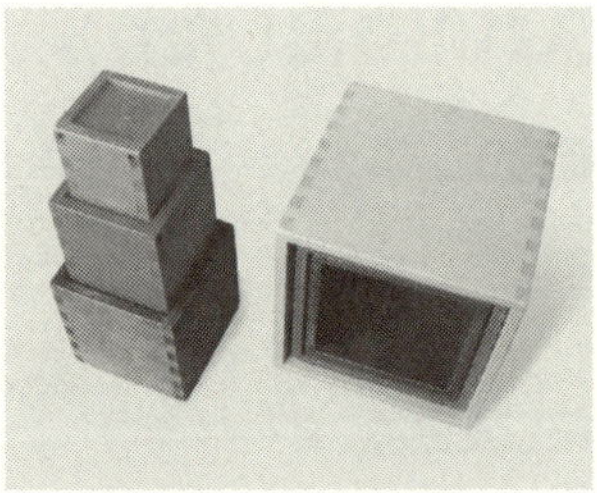

子どもの行為　・大きいものから順に重ねる

発達するもの　・手先の器用さ
・高低、量の認識

道　具　左：重ねカップ
右：ジーナ・ミニ積木

(12カ月～)

手足を通す

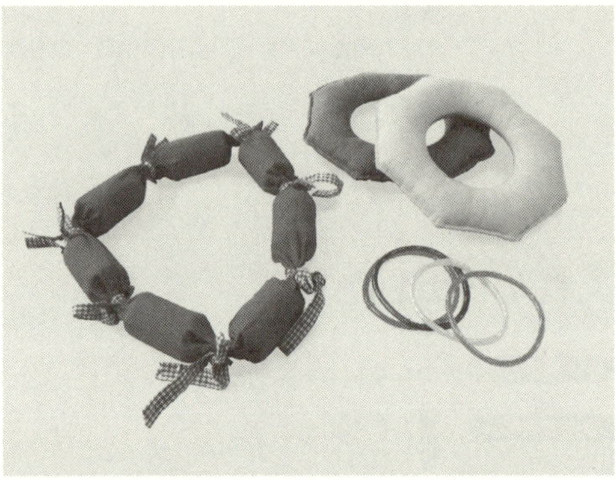

子どもの行為　・片手(足)、または両手(足)に通して歩く
・(頭に乗せる)

発達するもの　・身体像の発達を助ける

道　具　【手づくり】
・リングいろいろ

(12カ月～)

粗大あそび

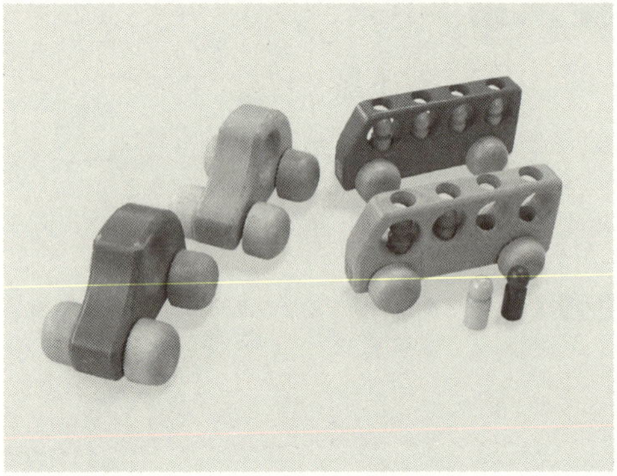

子どもの行為　・手に持って床や線の上を走らせる
・「ブーブー」など言葉や擬音を言いながらあそぶ

発達するもの　・追視
・空間知覚の発達
・発声やことば

道　具　左：ＰＫＷ
右：４人のりバス

(12～24カ月)

つまむ・並べる

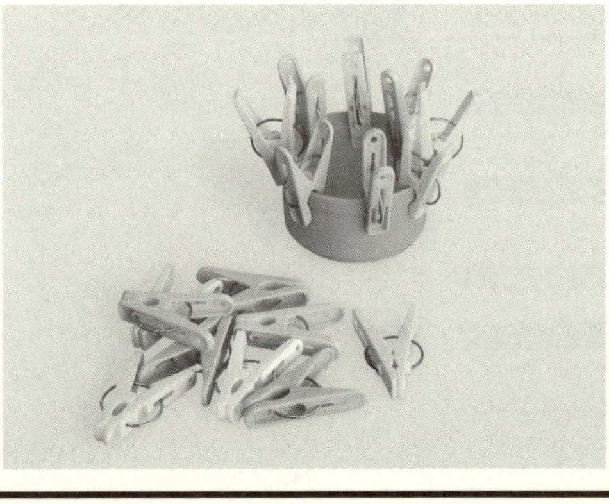

子どもの行為　・重ねカップにつまんで並べる
・色を選んでつまんで並べる

発達するもの　・手先の器用さ　　・量の認識
・見立てる

道　具　【手づくり】
・洗濯バサミ、カップ

ワンポイント　・はさみやすいもの（例：厚紙、カップ、ひも、布など）を用意する。洗濯バサミもカラフルなものの方ができあがりが美しい

(14カ月)

型はめ（入れたり出したり）

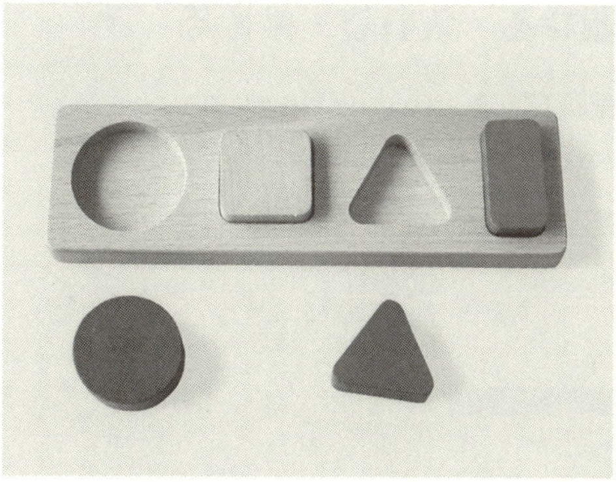

子どもの行為　・形を合わせてはめる、はずす

発達するもの　・目と手の協応
・同一視

道　具　・フォームス

（15カ月～）

入れたり出したり

子どもの行為　・レンゲやお玉を使って、器から器へ移しかえる

発達するもの　・目と手の協応　・手先の器用さ
・量の認識　・見立てる

ワンポイント　・食事と同様、すくいやすい器と具材（大きさ・形）にする
・まだ口に入れる子がいる場合、食べるまねをおとながすると実際に口に入れてしまったり、それだけであそびが終わってしまう。機能を練習するためにも、器から器に移しかえていくあそびの方が良い

（15カ月～）

手首をひねる

子どもの行為　・いろいろな容器のフタを開ける、閉める

発達するもの　・物の相互の性質を知るとともに両手が使える
・両手の協応
・手首のひねり

ワンポイント　・化粧品などのクリームの入った容器や、ドアのノブの開閉でも同様
・食事の時、スプーンで食べることをスムーズにする（手首が返せることで上手にすくえたり、口へスプーンを運べるようになる）

（18カ月～）

積む・並べる

子どもの行為　・積み木を好きな形に並べる、積む
・形に合わせて丁寧に積む
・いろいろな形のものを組み合わせて積む
・できたものを命名する、見立てる

発達するもの　・目と手の協応
・同一視
・手先の器用さ
・高さ、量の比較

道　具　・ムンツ積木

（18カ月～）

重ねる・入れる・はめる

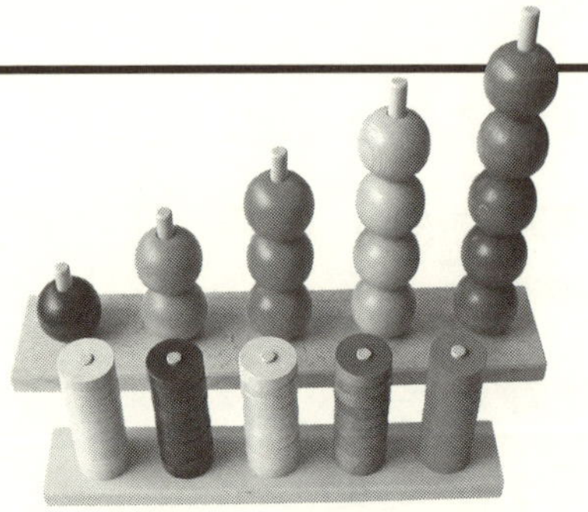

子どもの行為
・手にしたものを棒に順に入れる
・色を弁別しながら入れる
・積み方を工夫して入れる

発達するもの
・目と手の協応
・高低を知る
・色の弁別
・手先の器用さ
・数量の認識（概念）

道　具
上：数の木
下：プラステン

ワンポイント
・数の概念を形成するためにも、高低、多少についての言葉がけや、色の組み合わせ、複雑な積み方などを工夫していく

（20カ月〜）

並べる・つなげる・形をつくる

子どもの行為
・並べる
・つなげる
・つなげて何かの形にする

発達するもの
・手先の器用さ
・形、長さの認識

道　具
【手づくり】
・布、ボタン

ワンポイント
・いろんな形、大きさのものでバリエーション豊かに用意する（子どもの能力に応じて利用）

（24カ月〜）

つなげる・輪にする

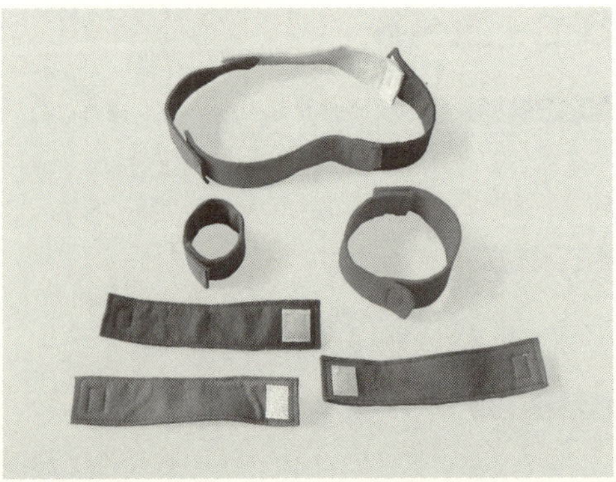

子どもの行為
・長くつなげる
・つなげて輪にする
・輪にする（１本で）

発達するもの
・目と手の協応
・手先の器用さ
・長さを知る

道　具
【手づくり】
・フェルト、マジックテープ

ワンポイント
・長さ、布の太さをかえるなど（バリエーションを作る）

（24カ月〜）

人形

子どもの行為　・入浴させる、抱く、寝かせる、食べさせる、看病する、外出する、飲ませる、着替えさせるなど

発達するもの　・自分以外の人格になることで、人との話し方、声の出し方、あいさつ、自慢、すすめる、ゆずるなど表現力の基礎の発達を助ける
・言語、感情の発達

道　具　・マフィンベビー

ワンポイント　・必ず人形1体1体に名前をつけること。（人形に人格を持たせる）人形を通して他己認識＝社会性を育てる

（24カ月～）

ベビー人形

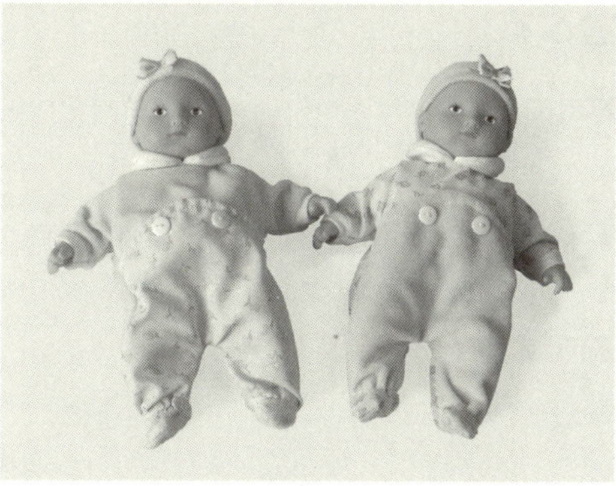

子どもの行為　・つかむ、持ち歩く、寝かせる、抱く、おとなのまねをしてあやすなど

発達するもの　・触覚
・感情
・言葉

道　具　・ミニマフィンベビー

ワンポイント　・まだ子どもが小さいので名前は必要ない。“赤ちゃん”でわかる

（0～24カ月）

積む・並べる

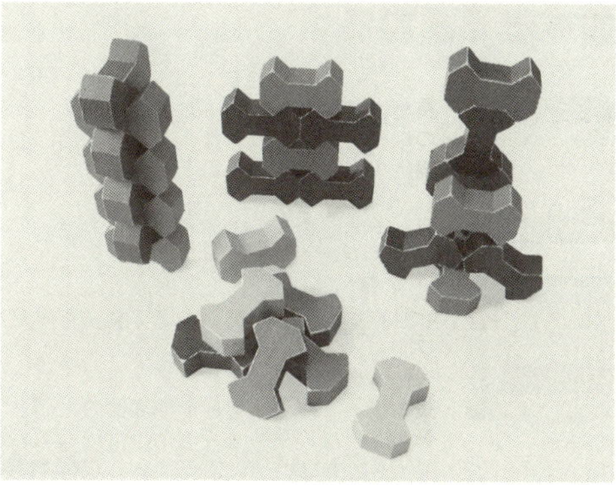

子どもの行為　・交互に色分けして、組み合わせを工夫して積む、並べる

発達するもの　・手先の器用さ
・数、量の認識

道　具　・ジーナボーン

（24カ月～）

パズル

子どもの行為 ・同じ形のところにはめる、はずす

発達するもの ・思考操作（同一視、部分と全体の区別）

道　具 ・ポッチ付ジグソー船

（24カ月～）

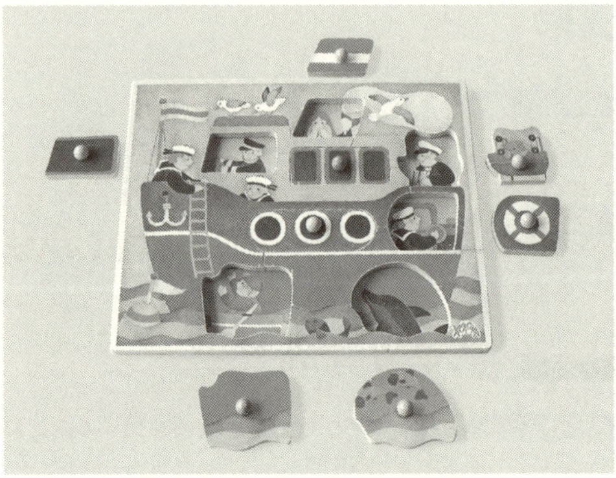

ひも通し

子どもの行為 ・穴にひもを通す
・色や形を合わせて通す
・通したものを持ち歩く、つなげて首にかける

発達するもの ・目と手の協応　・長短を知る
・手先の器用さ

道　具 上：４色ジャンボビーズ　下：シグナ

ワンポイント ・１歳児や手先の不器用な子には、穴の大きいものや、通すものの先が堅いものの方が通しやすい

（24カ月～）

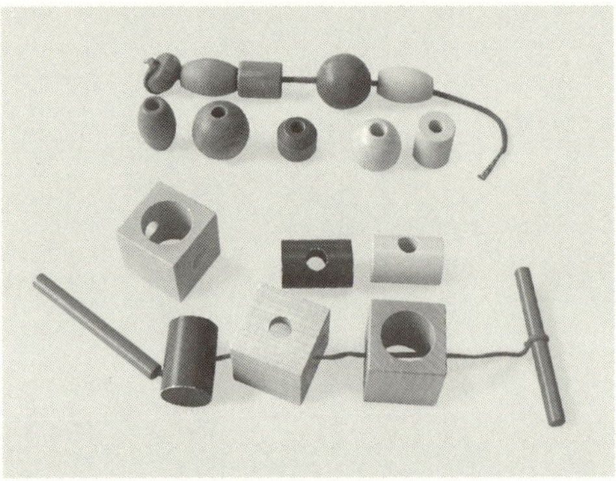

並べる

子どもの行為 ・手にしたものをトレーや製氷皿などに並べる
・色分けして並べる
・飾る

発達するもの ・空間認知
・数量の認識
・色の弁別、認識

道　具【手づくり】
・お手玉とトレー&製氷皿

（24カ月～）

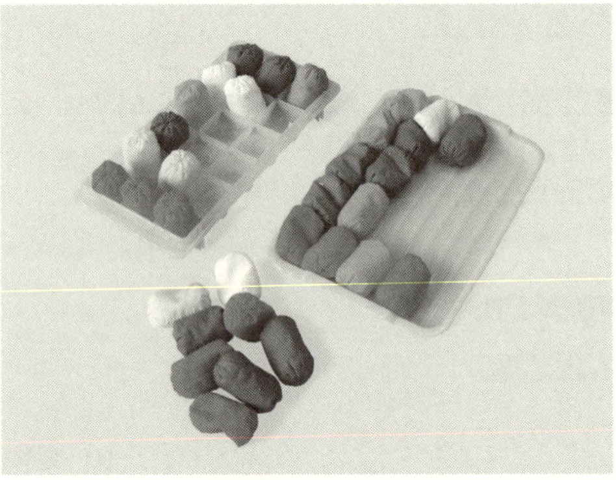

並べる・重ねる

子どもの行為 ・平面に並べ、その上に重ねて積む
・わらべうた、ごろあわせ、でたらめことばを言いながら行う

発達するもの ・目と手の協応　・空間認知　・言語

道　具【手づくり】
・手づくり人形　・フェルトで包んだ小箱

ワンポイント ・おとながあそびに合わせてわらべうたやごろあわせ、でたらめことばや即興のお話を、あそんでいない子やあそびが停滞している子、興味を示さない子に言う　（24カ月～）

つなげる

子どもの行為 ・フェルトの魚の目に尻っぽを通してつなげていく

発達するもの ・目と手の協応　・手先の器用さ
・長さを知る

道　具 【手づくり】
・フェルトで縫った魚

ワンポイント ・ひも通しのバリエーション、つなげるあそび以外に、ほかのものと組み合わせて、並べるあそびや模倣あそび、役あそびにも使える道具

(24カ月〜)

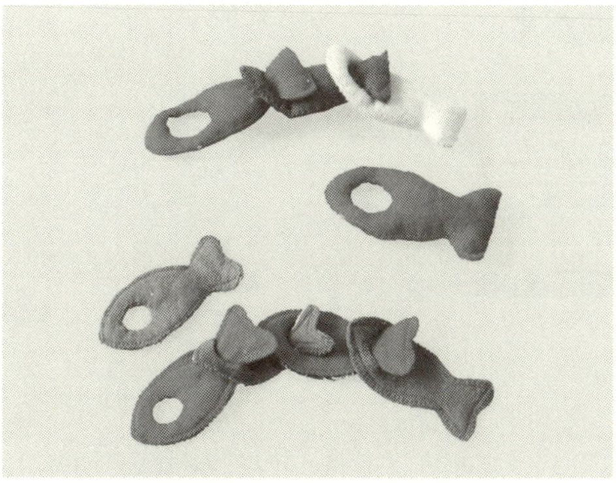

すわる・まわる・のる

子どもの行為 ・中に入ってすわる
・すわってまわる
・中に立つ
・人形を寝かせる
・他のおもちゃを入れる
・ひっくり返して上に乗る
・水の上に浮かべて乗る

発達するもの ・バランス感覚
・平衡感覚

道　具 ・ビリボ

(28カ月〜)

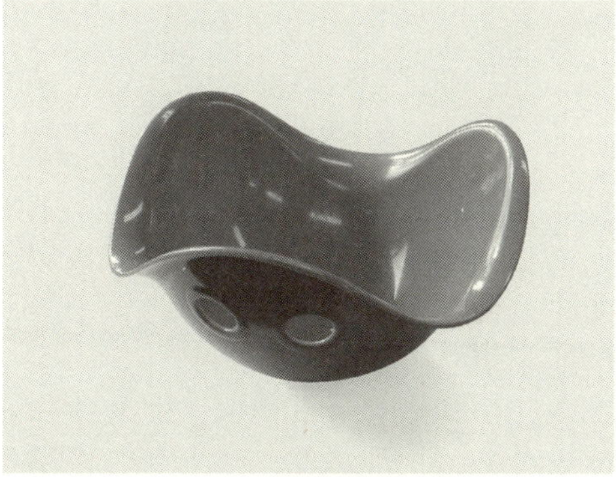

組み合わせて積む

子どもの行為 ・２種のものを組み合わせて積む

発達するもの ・手先の器用さ
・高さ、量の認識
・見立てる

道　具 【手づくり】
・布などの芯にフェルトを巻いたもの（円筒）
・かまぼこ板積木（かまぼこ板を紙やすりで表面をなめらかにしてフェルトを貼ったもの）

(30カ月〜)

つなげる

子どもの行為 ・並べる　・つなげる
・組み合わせる（単品で、または他のものと）

発達するもの ・目と手の協応（両手の協応）
・手先の器用さ
・量、長さの認識

道　具 ・フロリーナ

ワンポイント ・役あそびや構造あそびにも使え、組み合わせによってあそびが広がりやすい
・作ったものに名前をつける

(30カ月〜)

並べる

子どもの行為
・ワクや線にそって並べる
・形を作る

発達するもの
・目と手の協応
・位置関係の認識

道　具
【手づくり】
・いろいろな布（水玉模様、いろいろな線の入ったもの、シマ模様など）、フープ、リング、フェルトなど

並べるもの
・１つのチェーンリングに数個の同色のチェーンリングを玉状につないだもの
・チェーンリング
・お手玉
・チップ類
・ボタン類
・フェルトリング（ラップ芯に巻いたもの）
・フィルムジャラ（フィルムケースにペレットなどを入れて２コつなげ、それにフェルトを巻いたもの）
・バトン（短く切ったもの）
・ポンポン

（30カ月〜）

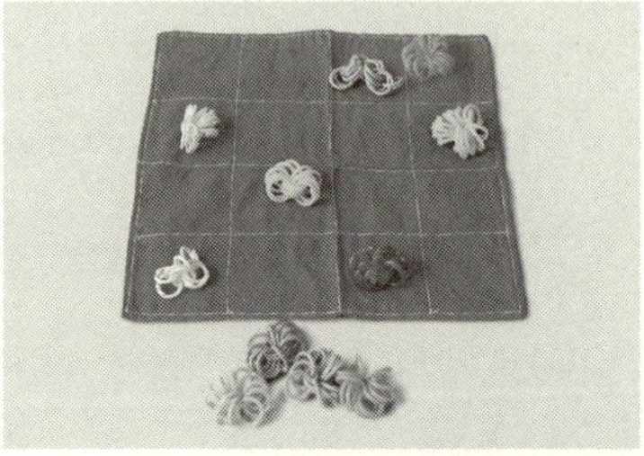

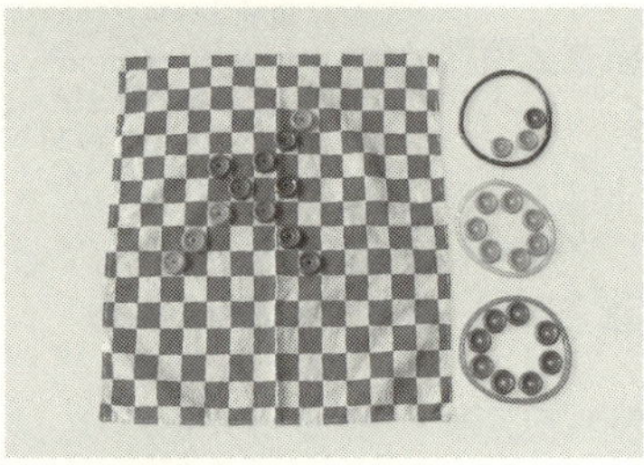

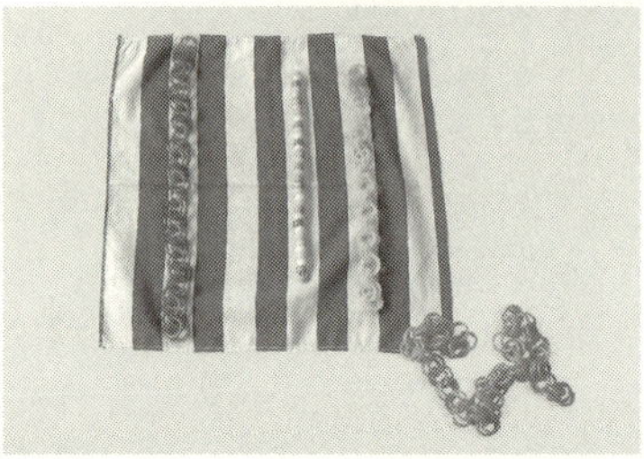

並べる、積む

子どもの行為
・並べたものを見立ててあそぶ
（例：道路や線路に見立てて、その上を車が走る（手に持って動かす））

発達するもの
・目と手の協応
・空間認知
・注意力

道　具
【手づくり】
・かまぼこ板をサンドペーパーで表面をけずり、フェルト（原色）を貼ったもの（表裏とも）

（30カ月〜）

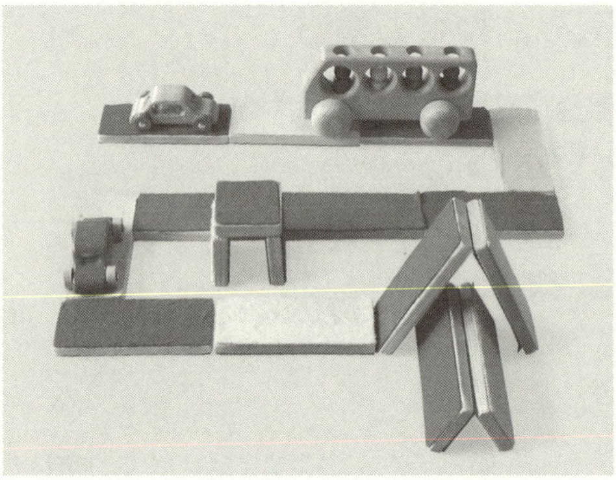

追視

子どもの行為
・目で追う
・繰り返し車を転がす

発達するもの
・注意力
・聴覚（音に集中する）
・目と手の協応

道　具
・トレインカースロープ

（30カ月〜）

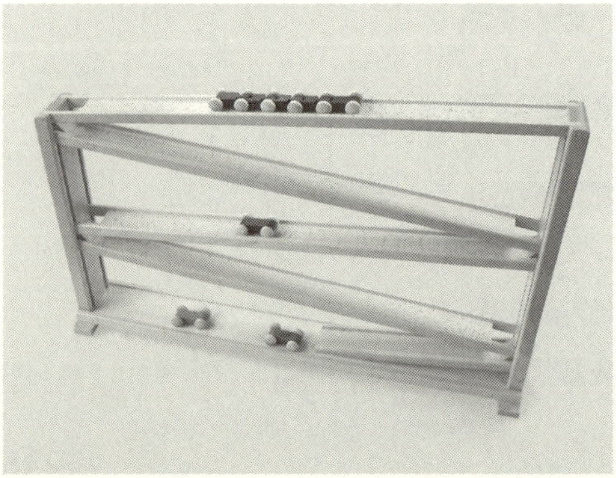

並べる

子どもの行為
①同種のものをフープにそって並べる（一列）
②２種のものをフープにそって並べる（一列）
③同種のものをフープにそって外側から内側に並べる
④数種のものを組み合わせて作る
作ったものに命名する（例：顔、花火、池など）

発達するもの
・空間認知
・量の認知
・想像力

道　具
・手づくりおもちゃのバリエーション

ワンポイント
・はじめは何かに並べていくだけだったのが、色や形も弁別や位置関係を意識しながら並べていくようになる。子どもだけでは並べる①の行為だけになってしまうので、おとなが一緒にあそびながら1つのあそびを仕上げていく

・並べる前に色分け、形分けしたものを土台となるものと一緒に組み合わせるようにしたり、仕上げた形の美しさを楽しむ

・絵を描く前段階の“描画”の活動でもあり、できたものを役あそびや構造あそびの中で生かすことによってよりあそびが深まり、あそび方も丁寧になる

・並べる土台になるものの形や大きさ、並べるものの素材・形などのバリエーション、組み合わせを豊かにする

（30カ月～）

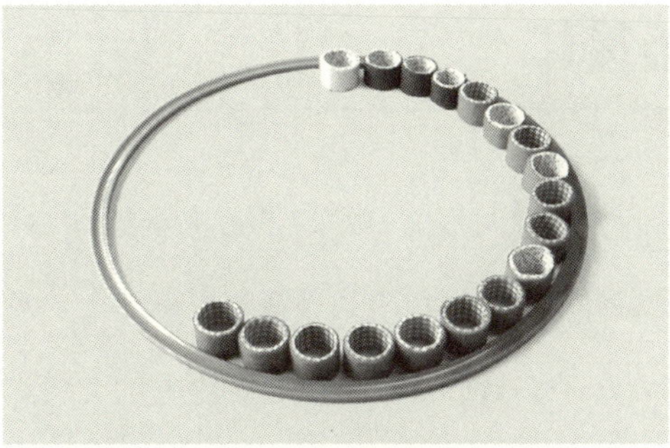

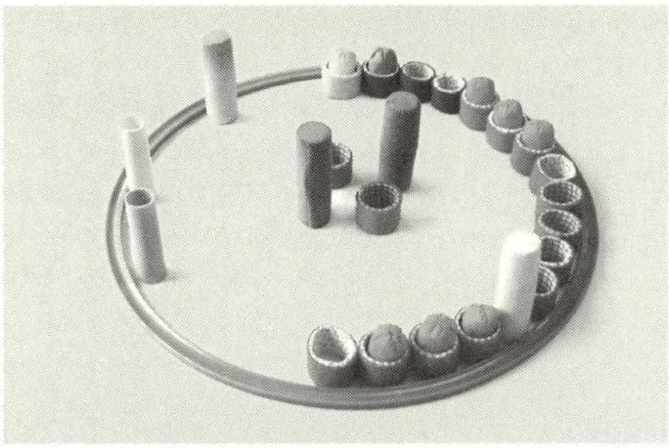

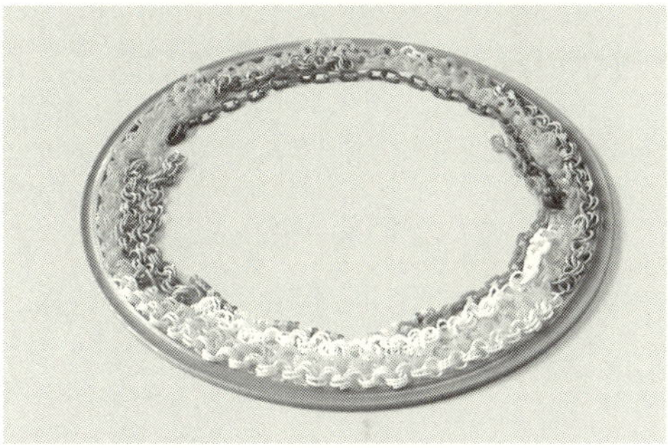

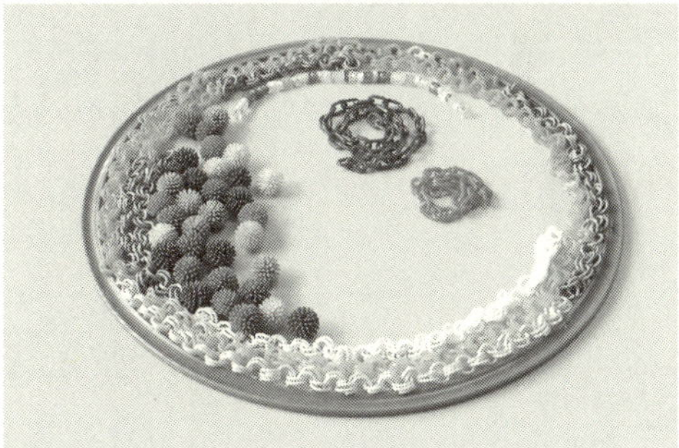

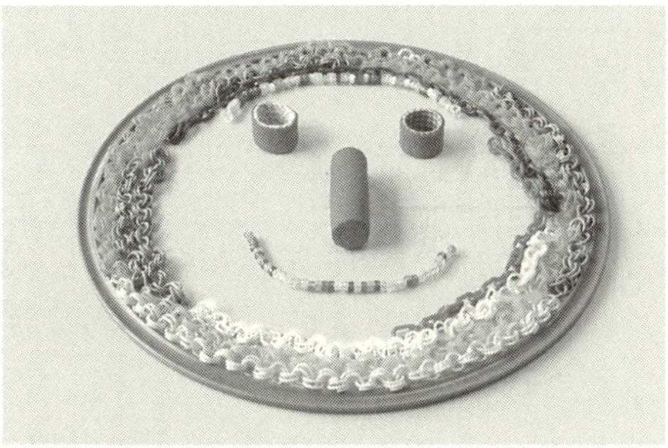

最後に

小学校に入る前の幼い子どもを持つお母さんに、「自分のお子さんがどんな子どもに育って欲しいですか？」と訊ねてみると、明るくのびのびした子、人をいたわる優しい心を持った子、自分から手足を動かし、元気のいい活気に満ちた生活のできる子、ちょっとぐらいの困難にぶつかってもくじけずにおしまいまでやり通す強い意思と行動力を持った子…、など我が子への祈りにも似た願いが返ってきました。この願いは貧しい時代でも豊かな時代でも、親が親として子を思う普遍的な愛情かもしれません。

しかしこの親の願いとは裏腹に、20年ほど前から私たち幼児教育現場の先生たちからいわゆる「気になる子」が増えてきたという話を聞くようになりました。ぽつんと一人遊びをする子、子どもらしい喜怒哀楽をあらわさない子、年齢相応の生活の基本的習慣が身についていない子、食生活に活気が感じられない子などが見られるようになったというのです。最近では、幼稚園に入ってもおむつが取れていない子が増えて、しかもそれに対して何の疑問も持たない親が増えてきたという話や、ごっこ遊びで、お父さん役、お母さん役ではなく、ペット役をやりたがる子どもが増えてきたという話まで耳にするようになりました。

現実にいろいろな問題を抱えている子どもの場合、もっと幼いときに五感を十分に使う体験が少なかったように感じます。その子どもの生育をチェックしていくと、這い這いなどの発達段階の順序にズレがあったり、育児行為の中でお母さんから微笑みを返してもらっていなかったりなど、問題のあったところが見えてきます。また、テレビに子守をさせるなど、視覚的にも聴覚的にも子どもにとって心地よい刺激が与えられていなかった場合もあるように思います。

いま、親をとりまく社会状況の変化により、保育業界における乳児保育機能の強化の必要性が高まっています。幼児保育の現場でよく聞かれる意欲的、主体的というキーワードも、幼児よりもさらに幼い乳児の段階からその子どものまわりが意識的な環境づくりをしなければ意味をなしません。子どもが幼児になったとき、そしてもっと大きくなったときに本当に意欲的、主体的な人間として育っていくためには、効率重視のずさんな保育環境を大切な乳児期に与えたり、おとなが子どもの育ちに先回りしたりすることのないように、一人ひとりの子どもの発達・成長に合った配慮と援助がなされる必要があります。

人間が生まれてからおとなになるまでの発達・成長の過程は、昔も今も変わりはありません。子どもは幼ければ幼いほど「手塩にかける」ことが大切なのです。

おとなが親として、そして保育者として乳児に接する時に、当たり前のことを当たり前にしてあげてほしい。そういう視点から本書は企画されました。「一人ひとりの子どもが大切に育てられるためにおとなにしてほしい配慮」を中心に構成しています。

いわゆる「保育マニュアル」としては完成したものにはなっていませんが、私の園での実践風景を紹介する形で写真をなるべく多く入れて、文章だけでは説明しきれない現場での保育のあり方を、子どもとおとなの活き活きとした表情からくみとってもらえるように心がけました。

たくさんの子どもたちの写真掲載を快くご了承くださったやまぼうし保育園の保護者の皆様には多大なる感謝を申し上げます。また、カメラの前で緊張混じりにさまざまな動作や表情をみせてくれた主役の子どもたち、ありがとう。そして、忙しい仕事の合間に嫌な顔ひとつ見せずに、原稿執筆、資料作成、写真撮影に協力してくれたクラスリーダーをはじめとするやまぼうし保育園の職員全員にお礼を申しあげます。

子育ての伝承がとぎれ、子育ての智恵・技術が身につきにくく、その当たり前のことがなされていない今の社会において、本書が乳児保育のあり方を考える機会の一つになれば幸いです。

2002年7月

やまぼうし保育園園長

吉本和子

▼著者紹介

吉本和子（よしもと・かずこ）

1976年　尼崎市に社会福祉法人おもと保育園設立：園長

1980年　尼崎市に社会福祉法人久々知おもと保育園設立：園長

1999年　宝塚市に社会福祉法人やまぼうし保育園設立：園長

（いずれも0歳～5歳児を対象とした総合園）

乳幼児の発達をふまえた保育の実践に取り組んで、全国各地の保育園や幼稚園で保育指導、保育者や保護者対象の講演活動に忙しい毎日を送る。『園と家庭をむすぶ げ・ん・き』に連載執筆、著書に『幼児保育―子どもが主体的に遊ぶために』（エイデル研究所）がある。

▼執筆協力（やまぼうし保育園職員）

三橋真奈美（みつはし・まなみ）　…0歳児担当

濱野真利子（はまの・まりこ）　…1歳児担当

石原清美（いしはら・きよみ）　…2歳児担当

滝本美恵子（たきもと・みえこ）　…運動発達担当

・参考文献

田原喜久江、柳澤芳子、米山千恵『おいしい保育所の食事づくり－栄養士・調理員・保育士・看護師の連携で－』2002年、明治図書

北郁子、西ノ内多恵、米山千恵『0歳児クラスの保育実践』1993年、中央法規出版

バラージュ・イルディコ『ひとりひとりを大切にするために－担当制と流れる日課を考える－』（講演記録）2001年、神戸コダーイ芸術教育研究所

・表紙の絵

よしざわけいこ

乳児保育－一人ひとりが大切に育てられるために

2002年 8 月31日　初刷発行

2007年 4 月20日　8刷発行

著　　者　吉本和子

発 行 者　大塚智孝

印刷・製本　中央精版印刷株式会社

発 行 所　エイデル研究所

102-0073 東京都千代田区九段北4-1-9

TEL03（3234）4641

FAX03（3234）4644

Printed in Japan　ISBN978-4-87168-343-2 C3037